한 새사람

그리스도 안에서
전에 원수 되었던 사람과도
화목하게 된 사람

한 새사람
ONE NEW MAN

강대위

규장

분열과 분리의 시대에
하나님이 주시는 놀라운 돌파와 지혜

이 글은 일종의 여행기이다. 어딘가 생소한 땅을 여행하고 돌아온 것 같은 여행자의 마음으로 글을 적었다. 이 책은 '한 새 사람으로의 부르심'에 대한 여정들을 다시 기억하며 그 여행지에서 느꼈던 낯선 향기, 새로운 깨달음, 예기치 못한 일들을 통해 얻은 성숙에 대한 기억을 다시 소중히 기록해보는 기회가 되었다.

'이스라엘의 회복과 한 새사람'이라는 낯선 여행지를 향해 떠났던 길은 알지 못한 곳이고, 예상하지 못했던 여행이었기에 그게 즐거웠는지 힘들었는지, 당시에는 그 느낌들을 잘 정리할 겨를이 없었기 때문이다.

기억이란 과거의 일에 대한 일종의 선택이기 때문에 나는 여기에 그 기억들을 '감사와 감격'으로 선택하고 싶었다. 그것이 이 소중한 여정을 허락하신 주님의 은혜에 대한 나의 대답이다.

　가나안 땅을 두루 돌아다니며 정탐한 열두 명 중에 그 모든 시간과 사건들에 대한 감사를 고백하고 심히 아름다웠던 기억의 열매를 가지고 돌아온 여호수아와 갈렙은 정탐꾼이 아닌 여행자의 마음을 갖고 있었다. 나도 그와 같은 증언을 하고 싶었다.

왜 이스라엘인가?

　흔히 사람들은 "왜 이스라엘이냐?"라고 질문한다. 그러면 나는 그들이 하나님과 말씀의 언약을 맺은 백성이기 때문이라고 답을 한다. 이를테면 집을 사고파는 계약서에 서명한 우리 집 대표 같은 역할을 맡은 민족이 이스라엘이라는 것이다.

　이스라엘은 언약의 장자(長子)로서 여러 이유로 넘어지고 멸망하고 좌충우돌하며 우리 앞에 발자국을 내주었다. 때로 우리는 그 길을 따라 걷기도 하고, 그것을 보고 그 길을 피할 수 도 있었다.

생각해보면 예수님도 유대인이셨고, 바울을 비롯한 초대 교회의 사도들도 다 유대인이었다. 이방인인 우리는 이스라엘에 대해 많은 복음의 빚을 지고 있었다는 것을 깨닫게 되었다. 그런데도 우리는 빚진 자의 고마움을 갖기는커녕 뒤에서 실컷 욕이나 하고 있었다는 것을 회개하고 반성하게 되었다.

어느 날 나는 실존하는 이스라엘을 알게 되고 현실의 유대인들을 만나게 되면서 예수님을 더 깊이 알게 되고 언약의 성취가 어느 지점까지 와 있는지 분명하게 알 수 있는 유익을 누릴 수 있었다.

하나님은 이스라엘을 한 번도 버리신 적이 없다. 이스라엘은 우리에게 교훈을 주기 위한 일종의 상징이라고 여겨왔던 나는 그들이 실존하는 민족이며, 그들의 회복에 대한 사명이 이방의 교회에게 있다는 것을 새롭게 깨닫고 마치 꿈이 생시가 되는 기분이었다. 성경의 언약에 대한 먼 곳의 독자가 아닌, 그 책 안에 초대되어 그전까지 활자로 읽던 그 언약에 실제로 참여하는 것이야말로 이스라엘과 그들의 회복에 연결되는 큰 기쁨이다.

온 열방이 구원을 받고 완전해질 때 마지막으로 이스라엘을 그 구원의 열차에 태우시겠다는 하나님의 계획과 유대인의 넘어짐조차 '신의 한 수'라는 것을 알게 된 순간 일어나 춤을 추며 찬송하던 유대인 사도 바울의 로마서를 읽으면서(롬 11:33-36) 나도 같이 춤을 추고 싶을 만큼 흥분되고 설레었다.

한 새사람의 기적

그러나 나는 이스라엘 덕후가 아니다. 이스라엘을 좋아하고 유대인을 사랑하지만, 그들과 우리에게는 분명한 경계가 있다(행 17:26). 다만 우리는 그들을 통해 예수님의 십자가 구원을 더 풍성하게 알고 누리는 것에 감사함으로 초점을 맞춰야 한다.

나는 이스라엘 선교사가 아니라 '한 새사람 사역자'라고 나 자신을 소개한다. 이스라엘이라는 나라와 민족이 구원을 얻고 회복되는 것과 한 새사람은 좀 다르다. '한 새사람'은 이스라엘에만 초점을 맞추지 않는다. 한 새사람은 가인과 아벨에서부터 남한과 북한, 러시아와 우크라이나의 피 흘림에 이르기까지, 원수 맺음과 형제 살해의 저주를 푸는 천국의 비밀이다. 십자가는 이 피 흘림을 그치게 하는 능력이며 중간에 막힌 벽을 허무는 기적이다. 한 새사람은 아버지와 아들이 서로에게로 마음을 돌이키는 축복이며 원수 맺게 하려는 사탄을 이기는 하나님의 전략이다.

한 새사람은 오랫동안 원수 되었던 이스라엘과 열방이 하나 되게 하시는 연합의 지혜임과 동시에 그 각각의 특별한 사명과 고유함이 훼손되지 않고 한 몸을 이루는 구별의 은혜이기도 하다. 특별히 원수 맺음의 주술로 70년을 분단과 단절로 살아온 우리에게는 '한 새사람'이야말로 통일을 이루는 열쇠이다.

한마디로 말해 '원뉴맨'은 대박이다. 이것은 내가 지난 12년간의 여정에서 발견한 어마어마한 크기의 포도송이다. 한국 교회가 이스라엘의 회복의 언약적 의미나 한 새사람의 비밀에 대해서 열린다면, 얽히고설킨 분열과 복잡한 원수됨의 모든 관계들이 풀어지게 될 것이라 확신한다.

　이 분열과 분리의 시대에 하나님께서 주신 놀라운 돌파이며 새로운 하나됨의 지혜가 바로 한 새사람이기에 지금 이 시간 그 깊고도 풍성하신 하나님의 지혜가 우리에게 부어지기를 기대한다. 때가 찼고 하나님의 나라가 가까웠기에 주께서 이 일을 행하실 것을 믿는다.

강대위

3부 광야로 들어가다

4부 그 이름을 찾아서

ONE NEW MAN

PART 1

나의 이야기

부잣집 막내아들

나는 내 이야기 하는 것을 별로 좋아하지 않는다. 다른 사람의 이야기를 듣고, 그 사람에 대해 살펴보는 걸 좋아하지, 내 이야기는 그닥 재미도 없고 대단하지도 않기 때문이다. 하지만 어쩔 수 없이 내 이야기를 할 수밖에 없을 것 같다. 드라마틱한 간증은 아니지만 '나의 이야기'를 통해 하나님께서 이끄셨던 각별한 여행의 이야기를 가장 살아있고 생생하게 전할 수 있으리라 생각하기 때문이다.

애초에 나는 존경받을 위인과는 거리가 멀다. 교회에서 담임목사이기는 해도 편하게 대할 수 있는 친구나 동생 같기를 바라며 사역하고 있다. 그렇지만 어느 정도 연배가 있는 성도님들은 한국 교회의 분위기에서 신앙생활을 해온 경험 때문에 '목사' 사랑과 존경이 몸에 배어 나를 깍듯이 대하시는 경우가 많다. 그렇지만 나는 스승도 아니고 앞서 나아가는 지도자도 아니다. 다만 뒤에서 여러 가지를 요긴하게 돕는 사역을 잘하고 싶었다. 이를테면 화장실 휴지가 떨어지면 빨리 채워 넣는 그런 일들을 할 수 있는 목사가 되고 싶었다. "목사님이 이런 일들을 하세요?"가 아닌, 목사이기 때문에 그런 일들을 다 하는 것이 성경적으로 맞기 때문이다.

> 내 형제들아 너희는 선생된 우리가 더 큰 심판을 받을 줄 알고 선생이 많이 되지 말라 _야고보서 3:1

한웅재 님의 찬양처럼 "저 높이 솟은 산이 되기보다 여기 오름직한 동산이 되길" 원해온 것이다.

나는 이름이 '대위'이기 때문에 간혹 세탁소에서 "군인이세요?"라는 질문을 받기도 했다. 내가 살던 지역 주변에 큰 부대가 있었기 때문이다. 그런데 '대위'라는 이름은 '다윗'이라는 이름의 한국식 발음이다. 예전에는 지금과 달리 이름을 표기할 수 있는 한자가 반드시 있어야 했기 때문에 '다니엘'은 '단열', '사무엘'은 '삼열', '다윗'은 '대위', '예수'는 '야소' 이런 식으로 사용했다고 한다. 그래서 내 이름도 '대위'가 되었다.

나는 모태신앙이 아니다. 따라서 내 이름도 처음부터 '대위'

라는 이름은 아니었다. 구원을 받고 예수님을 열심히 믿게 된 나의 부모님이 본인 동의도 구하지 않고 개명해버린 것이다. 당시 특별한 이유가 없는 개명 신청이 잘 받아들여지지 않았는데, 아버지가 한번 신청해보고 안 되면 그만이라는 생각으로 냈던 개명 신청이 쉬이 받아들여지면서 나는 갑자기 '대위'로 이름이 바뀌게 되었다. 모든 게 예민할 시기인 청소년기에 낯설고도 약간은 이상한 이름으로 갑자기 바뀌게 된 것이다.

성경에서도 이름이 정말 중요하다. 그 이름에 따라 삶이 바뀌는 스토리가 많기 때문이다. 그래서 나도 성경에 나오는 '다윗'이라는 인물에 대해 남다른 동질감을 느끼는데, 내가 다윗에게서 배운 리더십은 바로 '막내 리더십'이다. 다윗은 여덟 아들 중 막내로 자랐다(삼상 17:14). 그는 백성들 위에 군림하는 왕이 아니라 '젖 양을 지키는' 목자의 리더십을 갖춘 사람으로 기록되어 있다.

> 또 그의 종 다윗을 택하시되 양의 우리에서 취하시며 젖 양을 지키는 중에서 그를 이끌어 내사 그의 백성인 야곱, 그의 소유인 이스라엘을 기르게 하셨더니 _시편 78:70-71

그래서 나도 목사로서 한 교회의 지도자가 아닌 귀염성 있고, 대하기에 친근한 신앙의 동료가 되기를 원했다. 그래서 내 삶에 대한 연약함과 한계에 대해서 가감 없이 나누는 편이다. 성도들이 자칫 나의 일면만 보고 나를 높이기보다는 나의 연약한 면을 보고 그들의 삶의 표지(標識)를 삼는 것이 더 낫다고 생각하기 때문이다.

원뉴맨(one new man)의 길 역시 마찬가지이다. 여기서 나의 영적 성취와 사역의 업적을 나눌 생각은 전혀 없다. 다만 무지와 연약함에 처한 같은 동료로서 어떻게 원뉴맨의 길을 깨닫고 걸어올 수 있었는지를 가감 없이 나누고 싶을 뿐이다. 내 말이나 글이 아직 지워지지 않은 앞서 난 발자국으로서 가치가 있기를 기대한다.

나는 약간 부유한 집에서 자랐다. 여기서 '약간'이라고 표현한 것은 세상에 진짜 부자가 많기 때문에 나의 경우는 기준에 따라 약간 애매한 부분이 있기 때문이다. 아마도 '중상층'으로 분류될 수 있는 정도의 환경에서 자라왔던 것 같다. 강남이라는 지역이 생기던 시점부터 강남 8학군과 압구정 오렌지족과 신세대라는 바로 그 현장에서 대부분의 성장기를 거쳐왔다. 별로 부족할 것도 없고, 인생과 주변 환경에 큰 문제도 없었다. 그냥 평범한 강남의 중산층 자녀로 자라났다.

표면적으로는 그랬다. 그렇지만 비교의 대상이 늘 가까이에 있어서 힘들었다. 가령 나의 아버지는 대기업 사원이었지만, 내 친구들의 아버지는 대기업 사장이라거나, 부모님 모두 대졸 학력자였지만 내 친구의 부모님은 명문대 박사 학위를 가진 교수나 판검사 같은 분들이 많았기 때문에 상대적 비교에서 오는 열등감이 오히려 더 컸던 것 같다.

이런 열등감과 패배감을 어린 나만 느낀 것은 아니었던 것 같다. 압구정의 부잣집 엄마들 사이에서 애매하게 버거웠을 나의 어머니는 삶의 더 큰 의미와 가치에 대해 목마름을 느끼기 시작했고, 학창 시절에 부르던 찬송가 가사를 우연찮게 기억하고 부르기 시작했다.

그러던 어느 4월의 일요일 아침, 동시에 잠에서 깬 부모님은 간밤에 꾼 각자의 꿈에 대해 이야기했다. 어머니의 꿈은 신혼 시절 살던 집에 불이 난 꿈이었는데, 발을 동동 구르며 불이 난 집 앞에 서 있던 어머니 앞에 새까맣게 탄 송아지만한 개가 그 집에서 나와 쓰러졌다고 한다. 흉측한 그 장면에 놀라 옆에 있던 사람에게 물으니 "바로 이게 지난날의 삶이에요"라고 답했다는 것이다.

아버지의 꿈 내용은 이랬다. 하늘까지 뻗어 올라간 사다리가 있어서 열심히 그 사다리를 타고 오르는데, 구름 위로 뻗어간 사다리가 여간 높은 게 아니어서 아무리 열심히 올라도 더 이상은 올라가지 못하는 지점에 왔다는 것이다. 아래로 내려가기도 까마득하고, 위로 얼마나 더 올라야 할지 모르는데 힘이 빠져오는 위태로운 순간, 구름 속에서 누군가 손을 뻗어서 아버지의 손을 붙잡아 위로 끌어 올리는데 흰옷을 입은 어떤 남자였다고 한다. 끌어 올려진 구름 위의 장면은 놀라웠는데, 아름다운 잔디밭이 끝없이 펼쳐진 정원을 평화롭게 거니는 사람들의 모습이 보였다. 그들은 모두 흰 옷을 입고 있었는데, 불교 신자였던 아버지가 보기에도 그곳은 분명 천국일 거라고 생각이 들었다는 것이다.

서로의 꿈 이야기에 희한하다고 생각하다가 창문 너머 상가 앞에 무슨 일인지 일요일 아침부터 차들이 죽 늘어서 있는 것을 보았다. 상가에는 동네 중국집과 문방구 그리고 철물점이 있는데 아직 문을 열 시간도 아니었다. 자세히 보니 4층이 교회였는데 사람들이 거기에 가기 위해 이른 아침부터 그렇게 움직였던 것이다. 어머니는 대뜸 아버지에게 "우리도 저 교회에 가봅시다"라고 말했고, 아버지도 "아니 우리는 원래 불교 집안인데…"라며 망설였지만 범상치 않은 간밤의 꿈 덕분에 어머니와 같이 길 건너 상가 교회에 가서 처음으로 예배를 드렸다는 것이다.

그날은 부활절 아침이었고, 그 후로 부모님은 기독교인이 되었다. 덩달아 나와 누나도 그다음 주부터 교회라는 곳에 나가게 되었다. 원래 가끔 날이 좋은 일요일이면 봉은사라는 절에 가서 대웅전에서 몇 번 절을 드린 후에 나물투성이인 절밥을 먹고 집으로 돌아오는 게 일요일의 스케줄이었는데 이제는 완전히 다른 분위기의 교회라는 곳에 가게 된 것이다.

교회는 80년대 부흥의 바로 그 현장에 있었다. 매주 새로운 성도들이 몰려왔고 베이비붐 2차 세대였던 주일학교는 장소가 없어서 상가 계단에 조르륵 앉아 성경공부를 했다. 얼마 후 교회는 큰 성전을 지어서 예배를 드리게 되었고, 주일학교를 위한 별도의 큰 건물도 지어져서 그곳을 교육관이라고 불렀다. 부모님은 처음 믿은 성도치고는 너무나 열심히 신앙생활을 하셨다. 새벽예배부터 모든 성경공부와 교회에서 하는 모임과 전도에 빠짐없이 참석했다. 그것도 모자라 유명한 철야집회와 광장예배에도 열심히 참석하곤 했다. 돌아보면 큰 섭리와 부르심을 따라 우리 가정은 갑자기 회심을 하게 되었던 거였다.

갑자기 나가게 된 교회는 봉은사에서 먹는 나물밥보다 재미가 있었다. 아이들도 많고, 밝고 유쾌한 주일학교의 분위기가 좋았다. 아이들이 많아 소란스러웠지만 나는 이상하게 예배가 너무 재미있었다. 설교도 재미있고, 곧바로 들어간 어린이 성가대에서 부르는 찬양도 너무 좋아졌다. 학교 선생님들과는 다르게 주일학교 선생님들은 많이 웃었고, 아이들을 때리지 않는 어른들이었다.

믿음의 **유산**

압구정 현대아파트 8층에 살던 우리집은 같은 동 1층으로 이사를 가게 되었는데, 어머니가 나와 누나에게 이 집은 우리가 빌려서 세를 들어 사는 집이니까 깨끗이 써야 한다고 주의를 주었다. "그럼 우리집은 어떻게 된 거야?"라고 묻자 어머니는 "그 집 팔아서 교회 짓는 데 헌금했다"라고 말했다. 어린 나이였지만 나는 이것이 꽤 불안하게 느껴졌다. 집까지 팔아 건축 헌금을 하는 게 맞나 하는 생각도 들었다. 부모님은 예수를 믿는 건 삶의 전부를 드리는 것이라는 신앙을 갖게 되었고 그것이 내가 물려받은 신앙의 유산이다. 어머니는 입버릇처럼 늘 나에게 말했다.

"너에게 물려주는 건 엄마 아빠의 신앙밖에 없다."

그게 괜한 소리가 아니었던 것이다.

신앙의 유산으로 치면 나는 재벌집 막내아들로 자랐다고 할 수 있다. 어머니는 시댁과 친정 집안 모두 전도하고 집안 제사를 모두 예배로 바꾸었다. 그 신앙의 기세가 너무 강해 양쪽 집안의 드센 친척들까지 결국 모두 예수를 믿게 되었다. 그것도 모자라 매일같이 나가 전도를 했는데, 지하철, 버스, 택시에서 만나는 모든 사람에게 "예수님 믿으세요"라고 말하는 통에 나는 어머니와 함께 대중교통을 타는 게 항상 두렵고 창피했다.

어머니의 주요 사역지는 교도소와 병원이었다. 아무래도 하나님을 찾을 수밖에 없는 상황에 놓인 사람들이 그곳에 모여 있기 때문이었다. 잡상인 취급을 받으며 쫓겨나기 일쑤인 병원에서 여러 노하우를 가지고 전도하며 친해진 원무과장, 수간호사 분들의 협조로 병원에 여러 교회를 세우게 되었다.

뒤늦게 예수를 믿게 된 가족으로는 할머니도 있었다. 예수를 믿게 된 나의 친할머니는 하루 종일 기도만 하시던 노인이었는데, 나는 그것이 약간의 치매 증상의 일종이라고 생각했다. 사람이 어떻게 하루 종일 기도만 할 수 있는가? 볕이 잘 드는 창가에 앉아 하늘을 보며 박수를 치기도 하고, 계속해서 "감사 찬송 드리외다"라는 후렴구가 들어가는 굿거리 민요 장단 같은 기도였다. 제주 해녀 출신인 할머니는 가끔 배 타고 해녀질 나갈 때 부르던 타령을 하곤 했는데, 곡조는 꼭 같은

데 내용만 기도로 바꾼 것이었다.

백내장 수술 후 안구가 비정상적으로 커 보이는 볼록렌즈가 튀어나온 특수 안경을 끼고, 물컵에 담가 놓았던 틀니를 물고, 관절염을 앓아 거동이 불편한데도 목발을 짚은 노파가 가끔 외출하는 이유는 집 근처 골목에서 전도지를 나눠주기 위해서였다. 구부정한 목발 노인의 전단지를 아무도 받으려고 하지 않는 골목을 나는 애써 멀찌감치 돌아갔다. 할머니가 손주를 알아볼까 부끄러웠기 때문이다.

그 골목은 내가 초등학교 때는 그저 평범한 주택가였다. 그런데 시간이 지날수록 카페와 옷가게가 평범한 주택을 빠른 속도로 밀어냈으며 사람들은 그곳을 '압구정 로데오'라고 불렀다. 거리에는 오렌지족이라고 불리는 세상 멋쟁이들이 가득했고, TV나 잡지를 찢고 나온 것 같은 키 큰 모델들과 연예인들이 무표정하게 돌아다녔다.

할머니는 몸뻬 바지에 바느질을 해서 지퍼가 달린 큼지막한 주머니를 달았는데, 거기에 전도지 뭉치를 넣으면 바지가 흘러내려 그렇게 이상해 보일 수 없었다. 제주 방언이 심하여 무슨 말인지 알아듣기도 어려운 해녀 출신의 노인은 매일 물질하듯 로데오거리로 나가 느릿느릿 움직여보았지만 걸어가는 멋쟁이들은 전도지를 잘 받아주지 않았다.

어둑어둑해질 무렵 전도지를 다 나눠주지도 못한 할머니가 목발을 짚고 집으로 돌아오면 다른 골목으로 돌아 들어온 나를 붙들고 기도를 하고 싶어 하셨다. 그것은 언제나 똑같은 기도 가락이었다. 기도 내용도 항상 "꼬리가 되지 말게 하시고 머리가 되게 하소서. 감사 찬송 드리외다"가 중심이었는데 열등감과 패배감이 컸던 학창 시절의 나에게는 오히려 기분이 상하는 간구였다.

할머니는 뭔가 알고 있는 듯 타령 같은 기도를 늘 반복했다. 하나님은 할머니에게 아마도 내가 '꼬리'라는 걸 알려주신 것 같았다. 강남 8학군에서 자란 나는 상대적인 열등생이었다. 중산층이었던 우리 집안의 형편도 언제나 초라하게 느껴졌고, 똑똑한 유전자를 물려받은 우등생들 틈에서 치열하게 살 마음이 없던 나의 성적은 늘 하위권이었다. 나는 인적이 드문 골목만 찾아 걸어다녔는데 거리에도, 학교에도, 학원에도 언제나 화려하고 뛰어난 사람들이 주인공이었다. 나는 늘 열등하고 가난하다고 느꼈다.

아버지는 큰 회사의 부장이었는데 성실하고 빈틈없는 일꾼이었던 그는 꽤 일찍 과장이 되었고 얼마 후 부장으로 승진했다. 그런데 예수를 믿고부터 아버지는 술을 끊었고, 일요일에 등산이나 골프 모임에 유독 혼자만 빠졌고, 접대나 회식 모임에도 나가지 않자 더 이상 회사생활을 할 수 없는 상황에 처하고 말았다.

어느 날 아버지는 가족들을 모아놓고 회사에 사표를 냈다고 말했다. 상명하복의 직장 문화에서 가장 바람직한 사원이었던 아버지가 이제는 하나님의 명령에 복종하기 시작한 것 같았다. 불안했지만 이런 포기와 결단에 하나님께서 복을 주실 것이라는 막연한 기대도 했던 것 같다.

그러나 퇴직금의 절반은 새 예배당을 건축하는 건축헌금으로 바치고, 나머지 절반으로 뭐라도 시작하려고 했던 계획은 꽤 괜찮은 조건의 동업을 제안하며 다가온 같은 교회 집사에게 당한 일종의 사기로 사라져버렸다. 집을 줄여 전세로 옮기고 성남 가는 쪽 모처의 비닐하우스에서 화초를 키워 생계를 꾸려가게 되었다.

생활은 더 어려워져 갔지만 신앙은 날로 담대하게 자라고 있었다. 아버지는 매일 새벽 3시에 일어나 말씀을 묵상하고 주변의 모든 사람들의 기도제목을 일목요연하게 적어놓은 카드를 보며 빠짐없이 기도했다. 새벽예배에 다녀와 차가워진 손을 내 머리에 얹고 해주던 기도는 아직도 내게 축복의 감각이 되어 남아 있다.

아버지는 내가 첫 사역지로 섬겼던 모교회의 장로였는데, 내가 중등부 설교를 하는 날이면 예배실 바깥 계단에 쪼그려 앉아 그 설교를 다 듣고 돌아갔다. 몇 년 후 아버지는 선교사가 되어 스리랑카로 떠나면서 나를 불러 안방에 있던 궤짝을 열어 그 안에 가득 쌓인 기도 카드를 보여주며 말했다.

"이것이 아버지가 너에게 주는 유산이다."

이후에 내가 목사가 되고 이스라엘을 품고 한새사람교회를 개척한다고 했을 때 주변 목사님들이나 여기저기서 "그거 좀 위험하고, 교회 부흥에 아무 도움도 안 된다"는 말씀을 들으셨다고 하며 내게 물으셨는데, 나는 그것이 참 고마웠다. 아버지가 아들에게 일방적으로 훈계하거나 지도할 수도 있지만, 아버지는 다른 사람들의 의견보다 내 뜻을 묻고 그것을 믿어주었기 때문이다. 사역 외에도 집안에서 무슨 일을 결정하거나 심지어 정치에 관련해서도 본인의 생각보다 "강 목사는 어떻게 생각하나?"라고 빙긋 웃으며 물으시는 아버지와 어머니는 "마음을 서로에게로 돌이키는"(말 4:6) 바로 그 길로 주님이 오심을 느끼게 한다.

내가 이렇게 장황한 가족의 신앙 유전(遺傳)에 대하여 쓴 이유는 이것이 개인사라기보다는 한국 교회 부흥의 뒤안길에 있는 2000년대 한국 교회의 성도들이 받은 신앙의 큰 유산에 대하여 우리가 더 귀하고 감사하게 사모하는 마음이 있어야 한다고 생각하기 때문이다. 부흥을 이루고 선교 한국을 세운 부모 세대가 물려준 신앙의 유산이 얼마나 복되고 가치 있는 것인지를 아는 것이 필요하다.

지금 한국 교회와 성도들은 자신들이 기독교인이라고 밝히는 것도 꺼릴 정도로 위축되어 있고, 실제로 많은 교회들이 문을 닫고, 주일학교 예배가 사라질 정도로 아이들이 교회에 나오지 않는 황폐함이 지배하는 것처럼 보인다. 야곱은 아브라함과 이삭으로 이어지는 이 믿음의 유산에 대한 가치를 알고 그것을 어떻게든 받고 싶은 사모함이 있었다. 하지만 그의 형제 에서는 이것을 별거 아닌 것으로 생각했다. 여기서 복의 길이 갈리는 것이다.

> 야곱이 떡과 팥죽을 에서에게 주매 에서가 먹으며 마시고 일어나 갔으니 에서가 장자의 명분을 가볍게 여김이었더라 _창세기 25:34

신앙이라는 것이 개인의 선택과 신념으로 한정되어 있다는 것이 오늘날 우리의 생각이라고 한다면, 성경에서 신앙은 유산과 같이 대물림되는 것이었다. 부동산이나 보험금 같은 것 말고 '믿음과 사명'을 유산으로 물려주는 것이 성경적인 유산의 개념이다. "아브라함의 하나님, 이삭의 하나님, 야곱의 하나님"이 신앙의 유산이라는 것을 분명하게 알려준다. 평범한 가정의 내세울 것 없는 이야기일지라도 이제 와 다시 생각해보니 나는 꽤 많은 믿음의 유산을 물려받았다고 느껴진다. 한 가정뿐 아니라 국가적으로도 짧은 세대 만에 한국 교회는 풍성한 유업을 물려주었다. 다만 자녀들인 우리가 그 가치를 알지 못하여 대수롭지 않게 여겨왔던 것이다.

야곱의 형 에서는 이런 유산이 자기 배를 채워주는 팥죽 한 그릇보다 못하다고 여겼다. 그러나 야곱은 그 유산의 가치를 알았기에 어떻게 해서든 그것을 붙잡고 싶어 했다. 아브라함에게 역사하셨던 하나님께서 이삭과 야곱에게도 그러하셨다면, 8,90년대의 세대에 일어났던 부흥이 이 세대에도 나타날 것이다. 우리는 그럴 자격이 있는 상속자들이다. 그리고 '한 새사람'이라는 선물이 이 유업을 받은 자들이 마땅히 받을 몫이라는 것을 알아야 한다. 그것은 그만한 큰 가치가 있다.

할머니와 어머니에게 있던 믿음이 디모데에게 대물림되었듯이 그렇게 많은 신앙의 유산이 2000년대를 살아가는 한국 교회의 성도들에게 있는 것이다.

이는 네 속에 거짓이 없는 믿음이 있음을 생각함이라 이 믿음은 먼저 네 외조모 로이스와 네 어머니 유니게 속에 있더니 네 속에도 있는 줄을 확신하노라 _디모데후서 1:5

마음을 돌이켜 서로에게

부모님의 신앙이 그토록 열심이었어도 그 분들의 하나님이 나의 하나님으로 고백되기까지는 꽤 오랜 시간이 필요했다. 물론 부모님의 열성적인 신앙이 가정 전체의 분위기를 지배하기는 했지만 나는 좀 더 자유롭기를 원했다. 장로교회의 전통적이고 경건한 예배나 파이프 오르간과 성가대의 합창 속에서 자라며 조금씩 일탈을 꿈꾸는 마음이 싹텄다.

대학 1학년 무렵, 나는 로데오거리 카페 골목의 한 라이브 카페에서 아르바이트로 한 타임씩 통기타로 노래를 부르고 한 달에 15만 원씩을 받았다. 다른 교회 친구들은 찬양팀이나 성가대 활동을 계속할 때 나는 조금씩 교회를 빠져나와 세상을 향해 들어가보고자 했다. 당시 공연 문화의 불모지였던 강남의 한 백화점에 소극장이 세워지고 강북의 대학로에서 히트했던 명연극들을 재공연하는 프로젝트가 생겼는데, 거기서

명배우들이 펼치는 연극을 많이 볼 수 있는 기회가 있었다. 매번 새로운 공연이 열릴 때마다 나는 용돈을 모아 꼭 관람하며 자연스럽게 예술과 공연에 대한 동경을 갖게 되었다.

모든 삶을 교회 중심으로 세워나갔던 부모님의 눈에 아마도 나는 많이 염려가 되고 한편으로 이해가 안 되는 자녀였을 것이다. 서로 추구하는 삶의 방향이 다르다고 느끼자 부모님과의 대화나 함께하는 시간은 거의 사라졌다.

어차피 교회에서는 부모와 자녀가 무엇을 함께하는 시간이 없었다. 주일학교와 어른들의 대예배는 철저히 분리되어 있었고, 예배당은 일종의 노키즈존(No Kids Zone)이어서 아이들은 제한된 구역 내에서 많은 통제 속에 예배를 드려야만 했다. 물론 그것도 학교에 비해선 친절하고 사랑스러운 것이었지만, 분리는 철저했고 나는 그 사각지대에서 놀았다.

그러다가 교회에서 성탄 연극을 만드는 데 함께하자는 친구의 제안을 받아 대본을 쓰고 공연을 만들어 올리게 되었는데, 그 반응이 매우 좋았다. 그때 많은 사람들과 소통하며 함께 뭔가를 만들어가는 기쁨이 정말 큰 살아가는 이유가 된다고 느꼈다. 공허했던 무대가 '글'과 '선'으로 채워졌다. 글이 대본이 되고 스케치했던 그림이 무대장치가 되어가는 것을 보며 그때 하나님께 드린 의외의 기도를 아직도 생생히 기억하고 있다.

"하나님, 저는 이 공연을 하나님께 예배로 드립니다. 하나님이 기뻐하시면 좋겠어요."

공연이 원래 고대의 제사에서 나왔다는 것을 나중에 알게 되었지만, 우리 모두는 언제나 무언가를 예배하고 있다. 그게 프로야구단이든, 아이돌 가수든, 주식이든 대상은 각각 달라도 사람은 원래 예배하도록 지으심을 받은 존재이기 때문이다.

이 백성은 내가 나를 위하여 지었나니 나를 찬송하게 하려 함이니라 _이사야 43:21

예배가 교회 예배당 안에 갇혀 있지 않고 삶의 자리로 나아가게 되는 것이 하나님의 기쁨이다. 세례 요한은 예루살렘의 견고한 성전에서 광야로 침노해 들어갔고, 가장 낮은 곳에서 죄로 신음하는 이들에게 "회개하라"는 복음을 전했다. 아무것도 몰랐던 20대 초반인 내가 예배에 대하여 그런 기도를 드렸을 때, 그것은 아마 나의 인격이나 지식에서 나온 것이 아닌 성령께서 이끄신 기도의 고백이었다고 생각한다. 비교적 많은 문화적, 교육적 혜택을 받고 자란 나의 삶이 하나님을 향한 예배로 연결되는 길을 보여주신 것이다.

어머니는 늘 교회와 세상의 주변부를 소심하게 서성이는 나를 걱정하면서도 교회와 주변에 모든 아는 분들에게 나에 대한 기도를 부탁하셨다. 간혹 교회 권사님들을 만나면 오래전부터 나에 대해 기도하고 계신 분들이 많았다. 그 당시엔 굉장히 부끄러웠다. 내가 너무 문제가 많아 그렇게 여기저기 기도 부탁을 하고 다니시나 하는 원망도 했다. 그런데 지금 돌이켜 생각해보면 모든 분들에게 기도의 빚을 지고 있고, 그것이 내가 하나님과 동행할 수 있는 힘이었다고 생각한다. 비교적 조용하고 내면적인 나의 방황에 늘 빛을 비추며 선제적으로 기도하셨던 부모님과 교회 어른들에게 감사할 따름이다. 한 사람을 키우고 세우는 것은 공동체의 열매라고 하지 않던가.

그 기도 덕분에 나는 어느 고요한 부르짖음 속에서 주님을 만났고 어둑한 골목이 아닌 밝은 빛 가운데로 나올 수 있었다. 빛은 어둠보다 더 빨랐고, 언제나 적재적소에서 내가 어둠으로 빨려 들어가기 전에 나를 기다리고 있었다. 어쩌면 우리는 문제가 생기기 전에는 좀처럼 내 삶에서 일어나고 있는 많은 일들이 '은혜'라고는 생각하지 않는다. 가령 말기암이 치유되는 것보다 암에 걸리지 않고 건강한 삶을 살아온 것이 훨씬 더 큰 은혜와 축복인데도 그것을 잘 깨닫거나 생각하지 못하는 것이 우리의 한계인 것이다. 감사란 일종의 창조적 기술로 만들어내는 것이다. 내가 받은 이 많은 복과 은혜를 새로운 관점에서 깨닫고 고백하는 것이 필요하다.

그러나 내가 나 된 것은 하나님의 은혜로 된 것이니 내게 주신 그의 은혜가 헛되지 아니하여 내가 모든 사도보다 더 많이 수고 하였으나 내가 한 것이 아니요 오직 나와 함께 하신 하나님의 은 혜로라 _고린도전서 15:10

구약의 마지막 구절은 아비들의 마음과 자녀들의 마음이 서로에게로 돌이켜지는 것이 주(主)의 길을 예비할 엘리야가 와서 할 일이라고 적혀 있다. 세대와 세대의 연합이란 서로에 게 자신의 마음이 전해지고 들어가는 것이다. 아버지의 마음 을 아들이 갖게 되고, 아들의 마음을 아버지가 받아들이게 되 는 것이 주님이 오실 길을 여는 것이라는 말씀은 우리가 살면 서 가장 기본이 되는 관계인 부모와 자녀의 사이가 곧 주님이 오시는 통로가 된다는 비밀을 말씀하신다.

보라 여호와의 크고 두려운 날이 이르기 전에 내가 선지자 엘리 야를 너희에게 보내리니 그가 아버지의 마음을 자녀에게로 돌 이키게 하고 자녀들의 마음을 그들의 아버지에게로 돌이키게 하리라 돌이키지 아니하면 두렵건대 내가 와서 저주로 그 땅을 칠까 하노라 하시니라 _말라기 4:5-6

헬라적인 세계관에서 한 인간의 성장이란 아버지를 죽이고 자신의 눈을 찌르는 파탄을 향해 나아가는 것이지만(오이디푸스), 히브리적인 성경적 세계관에서 한 인간의 성장은 자신의 아버지와 화해하고 그 유업을 함께 품는 회개로 나아가는 것이다. 아버지를 극복의 대상이 아닌 함께 유업을 이룰 동역자로 보며, 아들을 문제와 골칫거리로 여기며 눈살을 찌푸리지 않고 함께 약속의 산을 오르는 친구와 같은 존재로 보는 것이다.

아브라함이 백 세에 낳은 아들 이삭을 데리고 모리아산으로 올라가는 장면은 흔히 힘센 노인이 아무것도 모르는 어린 아들을 완력으로 제압하고 하나님께 산 제물로 바치려 한 일로 생각되지만, 히브리인들은 이 이야기를 조금은 다른 결로 해석한다. 히브리어로 '아케다'라고 불리는 이 이야기는 아브라함이 이삭을 "묶었다"라는 뜻이다. 그런데 그 아케다(묶었다)가 이루어질 수 있었던 것은 아브라함의 절대적 순종에 대해 아들 이삭이 순복했기 때문이라는 것이다.

당시 이삭의 나이를 추정해보면 적어도 17세에서 35세 사이의 건장한 청년으로 120세가 넘었을 아브라함에 비해 육체적으로나 정신적으로 훨씬 건강했을 것이다. 따라서 '아케다'가 이루어지기 위해서는 아버지 아브라함의 순종과 결단보다 어느새 아버지보다 더 강해진 아들 이삭의 순종이 더 크게 필요하다는 해석이다.

이것은 정확히 그 모리아산에서 십자가에 묶인 예수의 순종과 일치한다. 예수님은 모든 결박을 끊을 힘이 있었지만 "나의 뜻대로 마시옵고 아버지의 뜻대로 하옵소서"라는 순복을 통해 십자가의 구원을 완성하셨다. 아브라함과 이삭의 아케다는 서로에게로 자신의 마음을 묶는 돌이킴의 이야기였다. 내가 나의 부모님에게 마음을 돌이킬 수 있었던 것은 나에게 당신들의 마음을 돌이킨 늘 한결같았던 사랑 때문이었다.

모리아산으로 올라가던 아브라함을 그 아들 이삭이 부른다.

"아버지?"

그때 아버지 아브라함의 대답은 히브리어로 '힌네니'이다.

"내가 여기 있노라(힌네니)."

이 대답은 사흘 전 하나님께서 아브라함을 부르셨을 때 아브라함의 대답과 같다.

> 그 일 후에 하나님이 아브라함을 시험하시려고 그를 부르시되 아브라함아 하시니 그가 이르되 내가 여기 있나이다(힌네니) _창세기 22:1

'힌네니'가 바로 '아케다'의 열쇠다. 묶임은 결박이 아닌 하나됨의 연결이 되었고, 이삭은 자신을 그토록 사랑하는 아버지의 고통과 연결되어 자신을 기꺼이 제물로 내어드렸고, 아브라함은 마침내 모리아에서 당신의 아들을 제물로 내어주실 아버지 하나님과 연결된다.

내가 '한 새사람'의 이야기를 쓰면서 장황하게 나의 부모님과 가족 이야기를 쓰는 것은 이것이 곧 한 새사람의 이야기이기 때문이다. 한 새사람은 부모와 자녀가 서로에게 마음을 돌이키는 이야기이고, 완벽한 타인이었던 부부가 하나가 되는 이야기이다. 한 새사람은 '이스라엘'이라는 목적에 초점이 맞춰진 이야기가 아니라 '하나됨'이라는 관계에 초점을 맞출 때만 열리는 이야기이다. 오늘날 모든 관계가 흔들리고 세대와 세대가, 남성과 여성이 분리의 균열로 시달리는 이 시간에 가장 필요한 기적이자 언약의 성취가 바로 한 새사람 이야기이다.

결국 나는 그토록 부모의 그늘에서 벗어나고 싶었지만 그분들의 하나님께로 돌아옴으로써 부모님과 하나 될 수 있었다. 부모님은 아들이 목사가 되길 그토록 원하셨지만 나는 그에 버금갈 만큼 목사가 안 되길 원했었다. 인생의 자유를 추구했기 때문이다. 그러나 결국 내가 만난 가장 큰 자유는 아버지의 뜻에 완전히 순종한 예수님이었고 나는 목사가 되었다.

대학을 졸업할 무렵 터진 IMF사태로 명문대 졸업반 친구들조차 취업했던 회사로부터 취소 통보를 받을 때였다. 어느 날 나는 광나루에 있는 장신대를 찾아갔다. 대학 졸업반이지만 아직 앞날에 대한 아무런 현실적 준비를 하지 못하고 있던 나는 성령의 이끄심이었는지 이상하게도 그 학교를 찾아간 것이다. 아마 간절한 부모님의 기도 덕분이었겠지만 나는 마치 비밀의 방을 찾아가는 판타지 소설의 여행자 같은 심정이었다.

그리고 구내 서점에서 판매 중이던 신대원 입시 기출 문제집과 신대원 입시 필수 암송 요절집을 구입했다. 천천히 학교를 둘러보다가 '주기철 기념 기도탑'이라는 곳에서 걸음을 멈추었는데, 그곳에는 탑 꼭대기까지 기도실이 있었다. 탑 꼭대기 층의 기도실에 올라가니 골방에 난 작은 창 밖으로 어느새 어둑해진 한강과 건너편 잠실, 강남의 야경이 보였다.

"휴우…" 하고 숨을 내쉬고 기도하기 시작했을 때 성령님이 임하셨다. 그것은 너무나 큰 기쁨과 빛이었고 삶을 송두리째 다른 곳으로 옮겨놓는 강력한 임재였다. 하나님은 살아계시고 성령께서 그토록 강하게 한 사람에게 임하신다는 것이 놀랍고 기뻤다. 중학생 때 받았지만 오랫동안 하지 않았던 방언이 다시 나왔고 슬프지 않은데 오열이 터졌다. 오래 메마른 반석에서 물이 터지는 것처럼 눈물과 콧물이 멈추지 않았다. 한참을 기도하다가 다시 숨을 "휴우…" 내쉬며 강 건너 풍경을 바라보았을 때 강남의 야경이 달리 보였다. 내가 저 빛이 아닌, 빛 아래 어느 어둑한 곳에서 살다가 죽지 않고 훨씬 더 어두운 기도탑의 작은 골방에서 빛을 찾았다는 사실이 참으로 감격스러웠다.

이후 신대원 입학시험을 준비하는 시간이 정말 재미있었다. 은혜가 있으니 공부가 재미있고, 입시를 위한 스터디 모임에도 들어가 많은 간증과 사연을 지닌 동역자들을 만나 깊은 대화도 나눌 수 있었다. 당시 장로교 통합교단 신대원이 몇 개 없었기 때문에 서울에 있던 장신대 신대원 경쟁률이 역대 최고로 높았지만 뒤늦게 성령세례를 받고 공부가 재미있어진 나는 장신대 도서관이 문을 여는 새벽부터 문을 닫는 시간까지 꽉 채워 공부하기 시작했고, 하루에 두 시간씩 꼭 기도탑에 올라가 방언으로 기도했다. 한번 기도하기 시작하면 너무 좋아 멈추기 어려웠기 때문에 항상 시간을 정하여 두 시간 기도하고 입시를 위한 성경공부와 영어공부를 했는데, 지금도 그 시간의 모든 것이 귀하고 그립다.

냉난방이 되지 않는 추운 겨울의 기도탑은 정말 덜덜 떨릴 정도로 추웠다. 그런데 지혜가 생겼다. 1.5리터 페트병에 도서관 정수기의 뜨거울 물을 가득 받아서 그것을 품에 품고 기도하면 그게 그렇게 따뜻할 수가 없었다. 그 감각들이 아직도 느껴지는 것 같다. 나는 삼수는 기본이라는 신대원 입시를 한 번에 통과했다. 그리고 신학교에서는 학보사에 들어가 기자로 글을 썼는데 주로 인터뷰나 문화면의 글들을 많이 썼다. 전국 방방곡곡의 사역자들을 찾아가 인터뷰하고 문화면에 쓸

공연 리뷰를 위해 연극이나 영화도 많이 볼 수 있었다. 그것이 얼마나 재미있었는지 모른다.

이제 더 이상 어둡게 세상을 떠도는 이방인이 아니라 빛 가운데서 큰 기쁨을 누리는 삶을 찾게 된 것 같았다.

.

ONE NEW MAN

PART 2

빚진 자의 여정

생일 선물

그날은 나의 생일이었다. 2007년 7월의 어느 날. 특별히 생일에 대한 감흥이나 기대 같은 건 없지만 청년 수련회 준비와 담당 교구 경조사 등으로 생일상은 고사하고 끼니도 못 챙겨 먹을 만큼 바빴던 그날은 퇴근 시간이 지나서야 사역하던 교회 근처 국밥집에 가서 혼밥을 할 수 있었다. 아내도 회사 일이 늦게 끝나 식사를 함께하지 못해 미안하다고 연락이 온 터라 더 궁상맞게 느껴지기도 했다. 그게 생일이라는 한 날에 대한 일반적인 기대와 연결되기 때문이겠지만, 나는 애써 그런 건 별로 중요하지 않다는 것을 성경과 연결시켜 생각해보고 있었다.

실제로 성경에서는 사람이 태어난 날을 기념하거나 축하하지 않는다. 그런 식의 탄생일 기념은 바로나 헤롯 같은 과시 성향의 왕들이나 했던 일이다. 그래서 지금도 북한 같은 독재

국가나 김일성 생일을 태양절이라며 지키는 것 아닌가? 기독교의 크리스마스도 따지고 보면 당시 로마의 황제인 콘스탄티누스가 가져온 탄생 기념일 전통이지 성경적 전통은 아니지 않은가? 성경은 예수님이 태어나신 날보다 죽으신 날을 선명하게 기억한다.

이런저런 생각이 많아진 이유는 역시 홀로 늦은 생일 식사를 하다가 처량하다고 느낀 감정 때문이었을 것이다. 그래도 생일이니 뭔가 즐거워야 하고, 축하와 함께 선물도 받아야 하고, 그런 보통의 생각에서 살짝이라도 비켜 앉은 식당의 국밥 그릇이 나는 마음에 들었다. 그래도 생일이니 식사기도 때 잠깐이나마 하나님께 이렇게 기도했다.

"하나님, 오늘 제 생일입니다. 이제껏 이렇게 살게 해주셔서 감사합니다. 저는 생일 선물 같은 건 필요 없어요. 모든 게 다 만족입니다. 그럼에도 생일에 하나님께 구하고 싶은 선물은… 한국 교회에 주실 부흥의 유업입니다. 백 년 만에 다시 한국 교회에 부흥을 주신다면 그 자리에 저도 꼭 있게 해주세요."

2007년 그 해는 백 년 전 경험했던 평양 대부흥 운동이 다시 있길 꿈꾸며 많은 기대를 하던 해였기 때문에 나 역시 사역자로서 항상 부흥을 달라고 기도하던 터라 하나님이 생일 선물을 주신다면 그 부흥을 달라고 구한 것이다. 하나님께는 좀 큰 선물을 구해도 좋지 않겠는가?

무더운 여름 저녁 생일상으로 순대국밥과 부흥의 유산이라는 선물을 달라는 기도가 서로 참 안 어울린다는 생각을 하면서도, 늦었지만 혼자서 오붓하게 마주한 국밥도 복되고 감사한 마음이 들었다. 국밥 한 그릇을 다 비워냈을 때였다. 식당 TV에서 뉴스 속보가 나왔다. 아프가니스탄에서 스물세 명의 한국 선교팀이 납치되어 인질로 붙잡혀 있다는 충격적인 뉴스였다. 비워진 국밥 그릇에 황망함이 채워졌다. 아프가니스탄의 절벽 같은 바위산 어둑한 탈레반 은신처에 갇혀 있을 청년들을 생각하니 한쪽 폐로 서걱이는 모래바람이 들어오는 것 같은 기분이었다.

며칠 후 배형규 목사님과 심성민 형제가 순교했다는 충격적인 소식이 들려왔다. 그런데 자국민에 대한 납치와 테러 사건에 대한 우리 사회의 여론은 점점 위험한 곳에 무리해서 들어간 선교팀을 비난하는 쪽으로 흘러갔다. 40여 일간 이어진 협상 끝에 남은 스물한 명의 선교팀원들이 돌아왔지만, 한국 교회에 대한 부정적인 여론, 비난의 화살을 쏘아대는 비정한 말들의 소란 속에서 배형규 목사의 장례 예배가 드려졌다. 영정 속 그는 웃는 듯도 했고 안타깝게 곧 울 것 같은 표정으로 남은 나를 바라보는 것 같았다. 배형규 선배, 개인적인 친분이

나 만남은 없었지만, 장신대 신대원 동문(同門) 선배이자 동향(同鄕)인 제주 출신의 청년 사역자라는 것이 여러 연결의 감정을 더하였다. 그의 순교는 나에게 남은 자의 슬픔과 무게로 다가왔다.

그를 데려가신 그날이 공교롭게도 나의 생일과 겹친다고 하여 감히 들이대거나 연결 지을 일이 아니라고 부정하고 싶었지만, 그날 내가 구했던 한국 교회의 부흥의 유업에 대한 선물이 '순교자의 피'였음을 나는 분명히 알 수 있었다.

훗날 어느 기독교 매체와의 인터뷰 기사에 실린 그의 부친의 심정이 아직도 마음에 저릿하다. 2007년 7월 30일, 배 목사의 시신이 국내에 도착하여 시신을 확인하면서 아들의 몸에 난 일곱 개의 상흔을 보며 하나님께 많이 원망도 했었다는 고인의 부친 배호중 장로님의 담담한 표정과 말이 더 아리다.

한국 교회가 'Again 1907'을 외치며 구했던 부흥에 대한 기도에 하나님은 '순교자의 피'라는 생각지 못한 응답을 주신 것이었다. 우리가 예상하고 기대했던 방법이 아닌 하나님의 응답이었다. 순교자의 피. 부흥은 그렇게 시작된다. 순교자의 피가 교회의 부흥인 것이다.

길을 떠나다

광나루에 있는 신대원에 들어가 공부하면서, 나는 대형교회 부교역자로 사역을 시작했다. 바쁘긴 해도 여러모로 좋은 환경과 대우 때문에 동기 전도사들이 부러워하는 사역지였다. 부서의 여러 성도들과 주변 사람들에게 인정을 받았지만, 마음 한편으로는 '사람들이 아닌 하나님께 받을 인정은 뭘까?'라는 질문이 계속되었다. 무언가 계속되는 답답함은 이런 사역의 열심이 자리 보전을 위한 것이 되는 게 아닌지 스스로를 돌아보게 했다.

그 무렵에 김우현 감독의 《부흥의 여정》(규장, 2006)이라는 신간을 펼치게 되었다. "길을 떠나다"라는 첫머리에서부터 이끌려 들어간 부흥의 여정은 웨일즈에서부터, 토마스 선교사, 그리고 평양의 산정현교회에까지 이어지는 놀라운 하나님의 계획으로 나를 초대하는 초대장처럼 느껴졌다. 그 책을 통해 나는 부흥을 관통하는 비밀이 '순교자의 피'라는 역설을 알게 되었다. 교회는 그리스도의 몸이고 머리이신 예수께서는 지금도 세상을 살리기 위해 당신의 몸이 채찍에 맞고 십자가에 달리려 하신다. 순교자의 피가 대적을 쓰러뜨리고 생명의 역사로의 대전환을 일으키는 것이다.

또 내가 보매 이 여자가 성도들의 피와 예수의 증인들의 피에 취한지라 내가 그 여자를 보고 놀랍게 여기고 크게 놀랍게 여기니

_요한계시록 17:6

나는 이곳에서 안주하기보다 높은 곳을 향한 부흥의 여정으로 출발하고 싶었다. 웨일즈의 이반 로버츠처럼 "주님께 바쳐진 산 제물이 될 준비가 되었습니다"라고 나도 당당히 고백하고 싶었다.

몇 달이 흘러 12월의 어느 주일, 사역을 모두 마치고 어둑어둑해질 무렵 빈 예배실에서 혼자 기도를 하다가 성경을 읽으라는 마음을 주셔서 되는 대로 펼쳐 읽은 곳이 요한복음 5장의 38년 된 베데스다 연못의 병자 이야기였다. 웅장한 행각과 연못가에 모여든 많은 사람들 뒤에 자리를 펴고 오래 누워 있던 그 병자가 바로 나라는 것을 보여주시는 것 같았다.

"네가 낫고자 하느냐?"

예수님의 질문은 어쩌면 오랫동안 병이 낫기 위해 물가에 누워 있었던 병자에게는 기분이 상할 만큼 당연한 말이었겠지만, 또한 그 말씀은 핵심을 찔러 들어오는 날카로운 검과 같았다. '나는 정말 낫길 원했던 걸까? 나는 부르심에 합당한 삶과 길을 걸어가길 원했던 걸까? 실은 은혜의 자리 주변을 배회하며 멀찌감치 누워 있길 더 원했던 건 아니었을까?' 행각의 화려함과 많은 사람들 틈에서 놓쳤던 것을 다시 붙잡기 원한다고 기도했다. 그리고 이어지는 주님의 말씀은, "일어나 네 자리를 들고 걸어가라"는 것이었다. 나는 이 말씀에 순종하기를 원한다고 고백했다.

기도와 묵상을 마치자마자 전화가 걸려왔는데 서울 근교 용인 쪽에 있는 사역지로 와줄 수 있겠느냐는 내용이었다. 어디인지도 모르는 사역지였지만 나는 일단 자리를 들고 걸어가기로 했다. 어떤 사역인지, 조건과 상황이 어떠한지에 대해서는 일단 순종한 후에 가서 알아보기로 했다. 관건은 내가 38년 묵은 자리를 떠나 걸어가는 것이었기 때문이다.

하나님의 길은 무언가 작은 것이라도 버리고 떠나야 열린다는 것을 그때 분명히 알게 되었다. 또한 내가 어떤 일을 해야 하는지 그 내용은 하나님께서 채워주실 것이다. 나에게 필요한 것은 작은 순종과 버리고 떠나는 일이라는 것을 깨달았다. 갑작스럽게 떠나기로 한 나의 결정에 여러 분들의 만류와 충고가 있었지만 순종이 먼저라는 생각으로 나는 사임을 강행했다. 당시 같이 사역했던 동료 목사님은 뜬금없이 이런 말로 나를 전송했다.

"이제 물고기가 제대로 물을 만나는 거네."

나는 부흥의 원류를 향해 다시 헤엄쳐 나갈 기대로 충만했다.

믿음의 여정은 '떠남'을 통해 시작되고 완성된다. 아브라함의 믿음도 자기가 살던 바벨론 근처가 아니라 어딘지도 모르는 수백 킬로미터 거리의 가나안이라는 땅을 향해 떠나는 것으로 시작된 것이다.

> 믿음으로 아브라함은 부르심을 받았을 때에 순종하여 장래의 유업으로 받을 땅에 나아갈새 갈 바를 알지 못하고 나아갔으며
> _히브리서 11:8

성경에서 배우는 이 거류하는 영적 나그네의 삶을 배워야만 하나님나라의 백성이 될 수 있다. 그러나 많은 경우 나의 자리를 걷어 떠나지 못하고 하나님이 내 상황에 맞춰주시기를 바라다 부르심의 기회를 놓치고 만다. 어떤 언약이든 내 삶을

완전히 내던지는 삶의 떠남이 필수적이다.

우리 삶은 계속 이동할 준비를 해야 한다. 애굽의 노예에서 하나님의 백성이 된 이스라엘 백성들이 출애굽을 하는 날은 바로 그 나그네로서의 첫발을 내딛는 것이었다. 그들은 유월절 그 밤에 손에 지팡이를 잡고 급히 먹고 길을 나섰는데, 바로 이 나그네 됨이 나의 삶에 그분의 삶이 연결되는 길이 된다.

언제든 떠날 수 있는 삶이 종말의 때에 깨어 있는 삶이다. 뒤를 돌아보지 않고, 가라고 하실 때 움직일 수 있게 삶이 더 가벼워져야 한다.

모라비아

새롭게 옮긴 사역지에서는 예배 사역과 청년부를 섬기게 되었는데 '부흥의 여정'에서 읽었던 대로 웨일즈의 모라비아교회 청년들처럼 매일 새벽과 저녁 두 번씩 말씀 암송과 기도회로 모였다. 하나님께서 번듯하고 큰 집회가 아닌, 작고 순수한 청년들의 모임에서 부흥의 불을 켜셨다는 것이 나를 설레게 했다. 누가 시킨 일도 아니었고, 청년들도 나도 모두 바쁜 삶을 살아가고 있었지만, 날마다 모이는 가운데 하나님께서 우리에게 부흥에 대한 갈망을 더 채워주셨다.

처음에는 '누가 이런 힘든 시간에 썰렁한 모임에 나오겠나?'라는 생각도 있었다. 그런데 의외로 청년들은 어떤 이끌림에 따라 나와서 함께 기도하고 말씀을 암송하는 것을 사모했다. 물론 어느 날에는 나 혼자인 시간도 있었다. 하지만 하나님은 새벽과 저녁으로 모이는 비공식적인 이 모임에 기쁨과 임재를 허락해주셨다.

청년 사역을 하며 청년들에게 부족한 건 '원함'이라는 것을 알게 되었다. 청년들은 무엇을 원해야 하는지, 내가 정말 원하는 것이 무엇인지를 스스로가 잘 모른다는 것이다. 그래서 어느 정신분석학자의 말처럼 "타인의 욕망을 욕망하면서"(자크 라캉의 욕망이론) '헛된 원함'이라는 덫에 걸려버리는 것이다. 새로운 물건을 사도, 그토록 남들이 원하는 것을 가져도 끝없는 헛헛함에서 빠져나오지 못한다.

그래서 청년들과 함께 '원함'을 달라고 기도했다. 나의 원함이나 남들의 원함이 아닌, '주님의 원함'을 주시길 기도했다. 당시 암송했던 말씀이 빌립보서 1장의 '간절한 기대와 소망'이다.

나의 간절한 기대와 소망을 따라 아무 일에든지 부끄러워하지 아니하고 지금도 전과 같이 온전히 담대하여 살든지 죽든지 내 몸에서 그리스도가 존귀하게 되게 하려 하나니 이는 내게 사는 것이 그리스도니 죽는 것도 유익함이라 _빌립보서 1:20-21

나는 마치 모라비아교회에서 기도 모임을 이끌던 이반 로버츠가 된 것 같았고, 함께했던 청년들은 작고 떨리는 목소리로 "나의 주님만을 사랑합니다"라고 고백하던 플로리 에반스와 같이 느껴졌다. 당시 모임에서 '부흥의 여정'의 하이라이트로 산정현교회와 주기철 목사님의 순교 이야기를 나누던 중 어떤 형제가 본인의 증조부가 산정현교회의 순교자인 유계준 장로님이라고 소개했다.

유계준 장로는 주기철 목사님이 투옥되자 5년 동안이나 주 목사님의 가족들을 부양하면서 옥바라지를 했고, 해방 후 거세지는 공산당의 탄압 속에서도 끝까지 남아 산정현교회를 지키다가 6.25 전쟁 하루 전에 평양 경찰서에서 총살당하여 순교하셨다는 이야기를 듣게 되었다. 부흥과 순교의 이야기는 이렇게나 무명한 헌신과 합력을 통해서 이루어지는 것임을 알게 되었고, 함께 기도하던 지체가 그런 순교자의 증손이라는 것이 기쁘고 감사했다.

우리는 부흥의 날을 주실 것을 기대하고 소망을 품으며 매일 기도했다. 처음에는 기도라는 것이 나의 간구와 생각을 드리는 것으로 시작한다. 그런데 거듭 기도를 드리다보면 성령께서 그 기도를 사용하고 이끄시는 것을 느끼게 된다. 정말 살아있는 생물처럼 기도는 부흥을 향해서 먼저 나아가기 시작했다. 바로 아프간에서의 순교라는 부흥의 열매를 주신 것이다. 당시 거센 비판 여론이 선교와 교회를 향해 들끓었기 때문에 교회와 성도들도 많이 위축되었지만, 나는 이것이 분명 하나님께서 우리에게 주신 부흥의 열매임을 확신했다. '순교자의 피'만큼 확실한 부흥의 열매가 어디 있겠는가?

2007년 9월 8일, 뒤늦게 치러진 순교자의 장례식은 곡함을 금지당하여 더욱 슬펐다. 영정 사진 속 순교자 배형규 목사는 평안하고 기뻐 보였다.

"주님, 배 목사님을 데려가시고 저는 여기에 이렇게 남아 살았습니다. 하나님께서 가장 순결한 어린양으로 받으셨을 것입니다. 이 피가 부흥의 열매이며 씨앗이라는 것을 믿습니다. 저는 감히 남은 자로 살겠습니다. 앞으로 이어질 부흥의 이야기에 저도 있게 해주세요."

당시 샘물교회와 선교팀의 주관이었던 한민족복지재단은 순교에 대한 슬픔이나 추모도 허락되지 않은 채 온갖 비난의 표적이 되어 있었다. 아프간에 보냈던 봉사자들을 모두 철수시키고 재단의 이름도 내리는 처지였다. 그해 10월에 나는 첫째 아이의 돌잔치를 하게 되어 아내에게 비용을 물어보니 적지 않은 금액이었다. 나는 그 돈으로 아들의 돌잔치 대신 재단에 헌금을 하면 어떻겠냐고 조심스럽게 말했는데 아내도 마음을 같이해주었다.

첫째 아들의 생일날, 아기와 함께 슬픔과 근심이 배어 있던 재단 사무실에 찾아가 이런 이유로 헌금을 드리고자 한다고 했을 때 그곳에 계신 분들이 "정말 힘든 시기에 이렇게 마음과 재정을 주셔서 말할 수 없이 큰 위로가 됩니다"라고 글썽이며 말씀하셨다. 차마 "나와 이 아이의 생명이 순교자의 피에 빚을 지고 있습니다"라는 말씀은 드리지 못했다. 아픔의 당사자들 앞에서 외람되고 죄송스러웠기 때문이다. 섣불리 그 의미에 대해 말하고, 그리고 그 모든 것이 은혜라고 덮을 수 있을 만한 아픔의 크기가 아니라는 것을 느꼈기 때문이다.

그러나 나는 이제라도 우리가 그 순교자의 피에 빚진 자임을 고백하고 싶다. 일곱 개의 총구가 뚫린 아들의 시신 앞에 엎드려 기도하던 아버지의 눈물과 하나님 아버지의 눈물이 우리에겐 생명수가 되었음을 고백하고 싶다. 오랜 시간이 지났지만 그 죽음은 잊혀야 할 슬픔이 아니었고 많은 생명을 살리기 위한 씨앗이자 부흥의 열매였음을 말씀드리고 싶다. 그리고 살아남은 나는 이 빚을 갚고 싶었다.

그러므로 형제들아 우리가 빚진 자로되 육신에게 져서 육신대로 살 것이 아니니라 _로마서 8:12

하늘의 **언어**

둔감하고 무심한 것이 건강한 거라 생각했던 나는 영적인 민감함이나 계시보다는, 말씀 안에서 정석적으로 신앙생활을 하고 사역을 하는 게 성향에 맞는다고 생각해왔다. 그러나 때로 성령께서는 방언이나 예언 등을 통해서 역사하신다. 어릴 때 나의 모교회는 엄숙하고 조용한 장로교회였다. "아멘"이라는 소리도, 통성기도도 들을 수 없는 분위기 속에서 자랐다.

그러던 교회에서 1986년 아시안게임 기간에 세계에서 모여든 예수전도단 팀의 집회가 열렸다. 뜨거운 찬양과 기도, 한 영혼의 구원을 위한 간절한 부르짖음은 어린 나에게는 충격적인 경험이었다. 집회 기간의 마지막날 예배에서 인도자가 이렇게 말했다.

"여러분! 방언을 구하세요. 하나님이 방언을 주실 것입니다!"

방언이 뭔지도 몰랐지만 구했다. 그래도 집회가 끝날 때까지 방언을 주시지 않았다. 집회가 다 끝나고 마지막으로 목사님이 나오셔서 축도할 때까지도 그랬다. 조금은 실망이 되어 축도 후 짧은 후주 음악이 나오는 시간에 나는 이렇게 기도했다.

"하나님, 저에게 이번에 방언을 주시지 않았지만… 괜찮아요. 그래도 주님을 사랑합니다…."

기억하기로 이런 기도를 드리고 있는데, 어느새 나는 내가 알 수 없는 언어로 기도를 하고 있었다. 예배에 참석했던 성도들이 자리를 떠나고 예배팀들도 뒷정리를 마치고 떠날 때까지 나는 그 자리에 앉아 계속 방언으로 기도를 드렸다. 그렇지만 통성기도조차 허락되지 않던 교회에서 방언으로 기도할 수 있는 기회는 없었다. 이후로 나는 혼자 골목길을 걸을 때만 방언으로 기도를 해보곤 하다가 그 후에는 그마저 잘 하지 않게 되었다.

그렇지만 내가 이해하고 통제할 수 없는 언어로 기도하는 방언은 나의 신앙이 자라는 데 큰 역할을 했다. 인간은 자신이 온전히 자신의 주인이고 싶어 한다. 내 모든 이성과 의도에 따라 내 몸과 마음이 움직여야 정상적이라고 생각한다. 그러나 우리가 거듭난다는 것은 그 주인 된 통제권을 하나님께 드리는 데에 있다는 것을 방언 체험을 통해 알게 되었다. 사람은 자신을 통제하는 것도 모자라 주변 사람들까지 자기 마음대로 통제하려고 하는 왜곡된 자의식을 갖고 있다. 그 통제권을 하나님께 드리는 것이 자유다. 나는 방언을 통해 그 자유에 대해 알게 되었다.

그 후 김우현 감독의 《하늘의 언어》(규장, 2007)를 읽고 방언에 대한 그때 그 감격을 다시 회복할 수 있었다. 생각해보니 '가난한 자는 복이 있나니'라는 팔복 시리즈에서부터 '부흥의 여정'과 '하늘의 언어'에 이르기까지, 하나님께서 김우현 감독을 통해서 세운 푯대를 향해 힘차게 걸었었다. 소복이 눈이 쌓인 새벽, 그날도 기도회를 마치고 "우리도 최춘선 할아버지처럼 맨발로 걸어보자" 하면서 청년들과 기도하며 걸은 그 길이 즐겁고 감사한 기억이다.

비록 작은 청년부 모임이지만 성령께서 인도하시면 가능하지 않을까 간절히 기도하면서 나는 김 감독님께 메일을 썼다. "감독님의 책과 영상이 우리의 여정에 큰 분기점을 주셨습니다. … 우리 모임에 감독님이 와주신다면 정말 꿈꾸는 것 같은 기쁨일 거라 생각되어 이렇게 연락을 드립니다." 당시 김 감독님은 집회와 촬영으로 일정이 연말까지 꽉 차 있었지만, 7월에 하루 비어 있는 주일에 오시겠다고 답장을 주셨다. 무명하고 지극히 작은 자에 대한 마음이 그의 글과 삶에 이어지고 있는 듯했다.

실제로 우리가 오래 기도하던 그 예배실에 김우현 감독이 서 있는 모습을 보니, 책이 열리고 거기에서 사람이 나온 것 같은 묘한 생각이 들었다. 그리고 나는 그 책의 세계로 들어가고 있었다. 그 책은 바로 성경이다. 성경은 태초의 창조 이야기부터 아브라함과 같은 믿음의 조상들과 다윗, 기드온, 다니엘 같은 영웅들의 이야기까지 아주 먼 과거의 신화와 같은 이야기가 아니라 그 책이 펼쳐져서 그 안의 주인공이 내 삶의 한복판으로 들어오기도 하고, 또 내가 뚜벅뚜벅 걷는 이 하루하루의 걸음으로 그 책 속에 들어가기도 하는 '생활형 판타지'가 되기도 한다. "말씀이 육신이 되어…"(요 1:14). 이 기적은 예수께만 해당되는 것이 아니라 우리 모두에게 열려 있다. 역사상 최고의 베스트셀러인 성경의 이야기가 바로 내 삶 가운데 들어오고 내가 그 안으로 들어가는 것이다.

> 말씀이 육신이 되어 우리 가운데 거하시매 우리가 그의 영광을 보니 아버지의 독생자의 영광이요 은혜와 진리가 충만하더라
>
> _요한복음 1:14

책이 열리고 거기에서 나온 사람이 나를 다시 그 책으로 데려가고 있었다.

책에서 **나온 사람**

김우현 감독의 집회가 시작되었다. 나는 당연히 성령의 부흥과 방언의 역사에 대해 전해주실 것을 기대하고 있었다. 그런데 시간이 흘러가면서 그는 뭔가 다른 것을 말하고 싶어 했다. 그는 이미 무언가 성령님의 재촉하심으로 저만치 앞서 나아가버린 것 같은 느낌이었다. 이제야 겨우 만나게 되었는데 마치 잡히지 않는 무지개같이 다시 멀어진 것 같았다. 뭔지 잘 모르겠지만 말하지 않고는 견딜 수 없는 무언가가 김우현 감독 안에 가득 들어 있는 것 같았다. 몇 번이나 전하던 메시지를 멈추고, 이 말을 할까 말까 고민하는 듯한 그를 보면서 나는 속으로 기도했다.

'주님, 저희가 소화할 수 있는 말씀만 주세요….'

돌이켜 생각해보면 그때 나는 성령님을 나의 상태와 바람으로 제한하려 했던 것 같다. 이것은 우리가 스스로 늘 두려워함으로 돌아보아야 하는 일이다. 성령께서 하시려는 것을 나의 계획과 이해의 범위 안에만 가두려 하는 것은 베드로가 예수께서 행하실 십자가 구원을 막아서는 것과 같은 일이기 때문이다. 이것은 사탄의 일이다.

> 예수께서 돌이키시며 베드로에게 이르시되 사탄아 내 뒤로 물러가라 너는 나를 넘어지게 하는 자로다 네가 하나님의 일을 생각하지 아니하고 도리어 사람의 일을 생각하는도다 하시고
> _마태복음 16:23

내가 듣고 싶은 말만 들으려고 하는 고집을 버려야 하나님이 인도하시는 길로 갈 수 있다. 때로는 우리의 무지함이나 연약함에서 오는 두려움 때문에 내가 훼방꾼이 되어 주님을 막아설 수 있음을 늘 생각하고 깨어 있어야 한다. 순종이란 내가 하나님의 뜻을 따르는 것이다. 단순한 사실이지만 결과적으로 우리가 하나님의 뜻을 따르지 못하고 내 뜻에 하나님을 맞추려고 할 때가 얼마나 많은가.

김우현 감독의 메시지는 열 처녀 비유와 사마리아 여인에 대한 말씀으로 하나님의 뜻을 전하고 있었는데, 일반적인 메시지의 내용과는 다른 결을 가지고 있었다. 그는 스쳐가듯이 '이스라엘의 회복'이라는 말을 했다. 당시 참석했던 사람들은

며칠 후 스리랑카로 단기선교를 갈 예정이어서 선교적인 메시지의 일부라고 생각했다.

집회를 마치고 인사를 나누는데 감독님이 불쑥 "목사님께 선물을 드려야겠네요"라며 책을 한 권 내밀었는데 제목이 《한 새사람》이었다. '루벤 도런'이라는 생소한 저자와 책 제목이 눈길을 끌었다. 김 감독님은 차에 오르며 "그 책을 다 읽으시면 사역이랑 삶이 완전히 바뀌실 텐데…"라는 말을 남기고 떠났다. '무슨 신비의 주문이 적힌 것도 아닐 텐데, 과연 그런 완전한 변화가 이 책 한 권으로 내게 일어날까?' 어느새 나의 영혼은 감격의 기회를 누리기에 너무 닳아버린 것 같았다.

큰 기대를 하지 않았지만 나는 김 감독님이 주고 간 그 책을 끝까지 읽지 못하고 덮었다. 그 안에 들어 있는 이스라엘의 회복이라는 주제가 생소했고, 좀 위험하다는 종말론처럼 보였기 때문이다. 내용을 더 알아보고 싶기보다는 안 된다고 거부하거나 제지하려는 마음은 어디서부터 생긴 성향일까?

정통과 보수를 표방하는 교단과 신학이라는 틀이 사역을 하는 데 있어서 어느새 절대적인 울타리와 문지방이 되어버린 것 같았다. 이런 성향은 온갖 이단 종파의 배양판이 된 듯한 이 나라에서 기독교인으로 살아가기 위한 자구책 같은 게 아니었을까 생각한다. 일단 의심하고 거부하는 것이 무턱대고

한 입 베어 무는 것보다 더 안전하다고 느끼는 것이다. 문제는 이 안전함이 때로는 골고다로 가는 길을 막는다는 데 있다.

아무튼 삶을 바꿀 거라던 그 '위험한' 책을 덮고, 나는 하나님께 이렇게 기도를 했다.

"하나님, 저는 여기서부터는 더 이상 못 가겠습니다. 저는 상식 안에서 정상적인 사역을 하고 싶습니다."

그런데 이렇게 기도하고 나자 마음이 평안해지지 않고 오히려 내 입술로 드린 기도 중에서 가장 별로라고 느껴졌다.

이후로도 계속 생각과 질문이 끊임없이 이어졌다. 우리가 안전하고 교양적인 크리스천이 된다는 것이 세례 요한처럼 안전한 예루살렘 성전과 제사장 제도와 직분을 버리고 광야로 들어가는 길의 반대 방향이 아닐까? 나는 세례 요한 같은 믿음의 야성을 갖기 원했지만, 장로교 통합측의 목회자라는 직분의 기본적인 성격은 그런 야성보다는 정형화되고 예상 가능하고 세상에 전혀 해(害)가 되지 않는 종교인의 모습을 강요하고 있었던 건 아닐까? 나 스스로 검열관이 되어 잘 알지 못하는 것은 무조건 배척하는 게 내 사명이라고 생각하며 살았던 건 아닐까?

생각해보면 김우현 감독은 어딘가 약간은 이상하고 거부감을 가져왔던 사람들 안에 계신 예수님을 발견하여 소개하지 않았던가? 최춘선, 정재완, 토마스 선교사, 이라크의 순교자 김선일, 아프간의 배형규…. 가까이 다가갔다고 생각했던 그들은 어느새 저 멀리 자리를 옮긴 무지개 같았다.

나는 이어지는 질문에 답을 찾지 못한 채 외면하고 잊고 지내자는 편한 길에 머물기로 했다. 질문을 덮기에 적당히 바빴고, 막연한 부르심에 삶을 걸기에는 본능적으로 두려웠다.

1111

이상했다. 눈에 보이는 모든 시간이 계속해서 11시 11분 (11:11)을 가리키는 것 같다. 가끔 보는 시계에서도, 정차한 앞 차의 번호판에서도 '1111'이라는 숫자 네 개가 계속 나를 따라다녔다. 처음엔 대수롭지 않은 우연으로 여겼다. 그런데 이것이 계속되다보니 뭔가 이유를 찾아야겠다는 생각을 하게 되었다. 아마 밤늦도록 사역을 하면서 심신이 지쳐서 그렇다고 생각했다.

이런 증상은 석 달이 넘게 계속되었고, 나는 '과로에 의한 노이로제' 증세라고 자체 진단을 내렸다. 그도 그럴 것이 가파르게 성장하던 교회의 부교역자로 연이은 집회와 행사, 교구 심방, 예배 사역, 영상물 제작 등의 업무가 눈코 뜰 새 없이 이어졌기 때문이다. 새벽에 출근해서 새벽에 퇴근하는 날도 많았다. 나는 일단 이성적으로 추론을 해보았다. 일단 퇴근이

11시를 넘기는 일이 많으니까 혼자 있는 시간에 1111이라는 숫자가 보이는 것이 분명해 보였다. 그래서 퇴근을 11시 이전으로 앞당기면 되겠다는 생각을 하고 실천에 옮겼다. 그런데 다음날 아침에 운전하던 차량의 시계에서도, 심방을 간 가정에서도, 식사를 하러 들어간 식당에서도, 우연의 일치인지 시계의 고장인지, 계속 반복해서 이 숫자가 보이는 것이었다.

이쯤 되면 조금 달리 생각할 필요가 있지 않을까? 나는 영적인 부분에 대해서 일부러 예민하게 느끼거나 반응하지 않으려 하는 태도를 가지고 있었다. 그 이유는 너무 예민하다는 것은 건강하지 못하다는 증거이기 때문이었다. 우리 몸의 장기가 느껴진다는 것은 건강의 적신호다. 위가 쓰리거나 심장이 조여 오는 감각이 느껴진다면 그것은 위험을 경고하는 것이다. 마찬가지로 영적으로도 너무 민감하고 예민하게 느끼고 반응하는 것에 대해서 나는 조금 대범하게 소화하려고 하는 생각이었다. 사소한 모든 일에 영적인 계시나 사탄의 역사 같은 것을 연결시키면 오히려 일을 악화시키는 결과를 가져올 것이기 때문이다.

그래도 반복적으로 숫자가 계속 보이는 것에 대해 처음으로 기도를 통해 질문하기 시작했다.

"하나님, 제가 좀 혼란스럽습니다. 1111이란 이 숫자… 하나님이 보여주시는 거라면 그 뜻을 같이 알려주시면 좋겠습니다.”

이럴 때 하늘에서 음성이 들려온다면 참 좋으련만, 그런 일은 나에게 일어나지 않았다. 그저 반복되는 1111의 숫자가 이상할 따름이었다. 그때 떠오른 말이 있었다. “성령의 역사하심이 불이라고 하면, 말씀은 벽난로와 같습니다. 성령께서 거하시지 않으면 말씀은 차가운 이론이 되고 맙니다. 반대로 말씀이 없는 성령의 역사는 여기저기 불이 날아다니는 것처럼 위험합니다.” 아마 오래전 어느 집회에서 들었던 것 같다. 그런데 만일 이런 알 수 없는 현상이 반복되는 것이 성령께서 어떤 사인(sign)을 주고 계신 것이라면 반드시 말씀과 연결되어 있으리라는 생각이 들었다.

나는 성경에 나와 있는 11:11의 모든 구절을 찾아 체크하기 시작했다. ‘그래, 역시 성경에서 답을 찾아야지’라고 생각하니 기대감이 올라왔다. 나는 창세기부터 찾아 나갔다. “아르박삿을 낳은 후에 오백 년을 지내며 자녀를 낳았으며”(창 11:11). 처음부터 답이 나올 리는 없지 않겠는가? 출애굽기 11장은 10절이 끝이었다. 레위기 11장 11절은 물고기 중에 지느러미와 비늘 없는 것은 가증하니 먹지 말라는 내용이었고, 민수기 11장 11절은 “모세가 여호와께 여짜오되 어찌하여 주께서 종을 괴롭게 하시나이까 어찌하여 내게 주의 목전에서 은혜를 입게 아니하시고 이 모든 백성을 내게 맡기사 내가 그 짐을 지게 하시나이까"라는 말씀이었다. 음, 가능성이 없진 않지만 내가 사역 때문에 힘들다는 걸 굳이 성령께서 내게 말씀하실 필요가 있을까 싶었다. 유력했던 시편 11편에도 11절은 없었다. 구약에 있는 11장 11절 말씀의 모든 구절 가운데 성령이 나에게 하시는 말씀은 없는 것 같았다.

그래도 아직 실망하기엔 이르다. 아직 신약 27권이 남아 있지 않은가? 신약에는 11장 11절의 말씀이 열 번 나왔다. 몇 번을 다시 봐도 나에게 와닿는 구절은 없었다. 그러나 이상하게도 로마서 11장 11절의 말씀에 뭔가 있다는 생각이 들었다. 언뜻 보면 나의 삶이나 사역과 아무런 관련이 없어 보이는 말씀이었다.

그러므로 내가 말하노니 그들이 넘어지기까지 실족하였느냐 그럴 수 없느니라 그들이 넘어짐으로 구원이 이방인에게 이르러 이스라엘로 시기나게 함이니라 _로마서 11:11

이스라엘에 대한 아버지 하나님의 절절하게 끓는 마음이 느껴지는 이 말씀은 이스라엘의 멸망이 그들의 죄악이나 교만 때문이었다는 그동안의 생각을 무너뜨린다. 그들이 그렇게 철저하게 파괴되고 돌 하나도 돌 위에 남지 않을 때까지 무너진 이유는 단순히 그들의 죄에 대한 심판의 보응이 아니라는 것이다.

그렇다면 무엇인가? 이스라엘이 바벨론에 의해서, 이후에 로마에 의해서, 그리고 십자군과 히틀러의 나치들에게 무참하게 희생당하고 멸망에 멸망을 거듭해왔던 이유는 이방인들에게 구원이 이르게 하기 위해서라는 것이다. 마치 예수 그리스도께서 십자가의 고난을 받으신 것이 본인의 죄에 대한 심판이 아니라 우리를 구원하시기 위한 하나님의 놀라운 섭리였던 것처럼.

1111은 생각보다 충격적인 말씀이었다. 나는 숨을 고르고 이에 대해 더 들어봐야겠다고 생각했다. 우리의 구원은 오직 예수 그리스도와 그 피로만 이루어진 것이 아닌가? 예수 그리스도의 피로만 모든 인류와 족속의 방언이 완성된 것이라면 그 이후 이어진 제자들의 순교와 초대 교회의 고난은 왜 필요했을까? 그런 논리의 신학이라면 언더우드나 아펜젤러, 마펫 선교사들의 희생과 고난, 배형규 목사의 순교가 무슨 가치를 가질 수 있는가?

로마서 11장 11절의 이 말씀은 그간에 내가 가지고 있던 나의 제한된 생각에 큰 질문을 던지기 시작했다. 이스라엘의 멸망이 이방인인 우리의 구원이 열리는 것과 관계가 있다는 생각을 나는 한 번도 해본 적이 없었다. 로마서를 다시 정독해야겠다는 생각이 들었다. 과연 우리가 예수 그리스도로 말미암아 구원을 받는 일에 왜 유대인들의 고난과 멸망 그리고 디아스포라가 필요했는가? 이 질문에 대해 로마서는 우리 이방인들이 성경을 읽고 복음을 듣기까지 유대인들이 말씀을 지키고 전해야 할 사명이 있다고 말하고 있다.

> 그런즉 그들이 믿지 아니하는 이를 어찌 부르리요 듣지도 못한 이를 어찌 믿으리요 전파하는 자가 없이 어찌 들으리요 _로마서 10:14

그리고 유대인들은 목숨을 걸고 말씀을 맡아서 지키는 보전의 역할과 함께 이것을 이방인들에게 전하는 전달자의 역할이 있다는 것이다. 그들은 말씀을 맡아서 한 글자도 놓치지 않고 그것을 필사하여 유대 광야의 쿰란 같은 절벽의 동굴에 숨겨두거나 책으로 만들어서 은밀한 장소에 감춰두기도 했다.

많은 왕들과 권력자들은 본능적으로 이 책과 그 안의 내용이 불온하다고 생각했다. 그래서 책을 빼앗아 불태우기도 하고 전하는 사람들을 죽이기도 했다. 그래도 그 불이 꺼지지 않자 유대인들을 다 죽이는 데 가장 효과적이고 돈과 수고가 적게 드는 방법을 고안해 6백만 명을 죽이기도 했다(홀로코스트).

그것은 매우 부당하고 악한 일이었지만, 사탄이 하나님의 아들을 십자가에 달아 죽이는 날, 자신이 승리한 줄 착각한 것처럼 보였던 일이 실은 하나님의 더 큰 모략에 걸려들어 모든 피조물의 구원을 이루게 되었던 것처럼 유대인들의 고난과 학살, 아직까지도 이어지는 디아스포라의 유랑을 통해 하나님은 온 열방이 구원을 얻을 모략을 계획하셨다는 것이다. 그래서 이스라엘의 멸망과 유대인의 이산(디아스포라)이 감추어진 '신의 한 수'라고 말하고 있다.

로마서 11장은 이 일에 대해 이렇게 결론 짓는다.

> 깊도다 하나님의 지혜와 지식의 풍성함이여, 그의 판단은 헤아리지 못할 것이며 그의 길은 찾지 못할 것이로다 누가 주의 마음을 알았느냐 누가 그의 모사가 되었느냐 누가 주께 먼저 드려서 갚으심을 받겠느냐 이는 만물이 주에게서 나오고 주로 말미암고 주에게로 돌아감이라 그에게 영광이 세세에 있을지어다 아멘 _로마서 11:33-36

아니, 이 정도로 정확하고 자세하게 기록되어 있는 유대인과 이스라엘에 관한 이야기를 왜 나는, 왜 이제껏 보지 못했을까? 이제껏 안 보이던 것이 한 번 보이기 시작하니 이전에 지나쳤던 것을 보상이라도 하듯이 너무나 선명하고 많이 보이기 시작했다.

그 땅에 **가야 될 이유**

'1111'을 통해 보여주신 이스라엘의 회복과 이방의 충만함에 대한 신비는 나의 마음을 진동시켰다. 이렇게까지 영적인 설렘을 느낀 적은 없었다. 그러자 그렇다면 이제 그 땅을 직접 가야겠다는 생각으로 이어졌다.

'이스라엘, 그 약속의 땅으로 직접 가봐야겠다!'

내가 이런 생각을 하다니…. 나는 대학에서 역사를 전공하면서 답사 수업을 많이 들어보았기 때문에 성경의 역사 유적 탐방이나 성지순례에 대해 오히려 부정적인 생각을 갖고 있었다. 대부분 관광용으로 개발된 곳들이고, 그곳이 진짜 장소가 아닐 가능성이 높다는 의심에, 해외까지 가는 비용이며 시간을 생각할 때 나는 한 번도 이스라엘에 가보고 싶다는 마음을 가져본 적이 없었다.

더 큰 이유는 내가 사랑하는 성경의 이야기들에 대해 내가 그려놓은 생각의 풍경과 그림들이 훼손되지 않을까 하는 두려움도 있었다. 대부분의 경우 소설로 읽었던 원작을 실사 영화로 봤을 때 만족했던 적이 없지 않은가? 그런데 그런 내가 일단은 그곳에 가야겠다는 생각으로 바뀐 것이다.

이 생각의 변화는 이전에 갖고 있던 세계관의 변화를 의미하고 있었다. 나는 이스라엘과 구약의 출애굽에서부터 이어지는 그 나라와 그 백성들의 이야기는 하나의 상징이라고만 생각해왔다. 그런데 이스라엘이 상징만이 아니고 지금 우리의 삶과 연결되어 있다는 것은 너무 놀랍고 설레는 일이었다.

그 언약이 지금의 우리를 초대하고 있는 것이다. 전에는 귀로 듣고 마음으로 믿었던 이야기를 눈으로 본다는 것은 성경의 수많은 '독자' 가운데 하나였던 내가 '등장인물'로 바뀌는 것이었다. 시간과 공간을 초월하는 문이 열리고, 내가 그 언약의 이야기 속으로 들어가는 것이다.

어린아이와 같이 들뜬 마음으로 나는 그 나라를 향해 가고자 하는 마음을 정했다. 마침 김우현 감독의 이스트윈드(East wind) 팀과 일본 교회 청년들이 연합해서 '광야 원정대'라는 이름으로 이스라엘에 들어갈 예정이라는 소식을 들었다. 짐칸에 실려 가도 좋으니 꼭 같이 가게 해달라는 마음으로 신청해서 같이 갈 수 있게 되었다.

일단 이스라엘에 갈 마음이 열렸고 같이 갈 기회도 열렸으니 여기까지는 순조롭고 좋았다. 그러나 부목사로 사역하고 있던 교회는 열흘이나 마음대로 자유롭게 여행을 다녀올 수 있는 분위기가 아니었다. 맡고 있던 여러 교구의 일이며, 예배와 청년 사역 등이 눈코 뜰 새 없이 돌아가는 상황이어서 휴가를 내서 다녀올 엄두가 나지 않았다. 교회가 많이 바쁜 시기에 이스라엘에 다녀오겠다고 어떻게 말씀드리고 허락을 구할 수 있겠는가? '1111부터 설명을 드려야 하나?' 어떻게 말씀을 드려도 설명이나 허락이 나지 않을 것 같았다.

그래서 일단 금식기도를 시작했다. 나는 삼 일 동안 먹지도 마시지도 않고 금식하며 에스더처럼 기도했다. 물도 마시지 않는 금식은 여름에 정말 괴로웠다. '타는 목마름이란 게 이런 거구나' 하고 느끼면서 이스라엘을 향한 하나님 아버지의 마음을 감각으로도 느끼게 되었다.

···그러므로 그를 위하여 내 창자가 들끓으니 내가 반드시 그를 불쌍히 여기리라 여호와의 말씀이니라 _예레미야 31:20

이스라엘을 가는 것이 일단은 이 부르심에 대한 나의 첫 번째 순종이고 응답이라면 어려움이나 막힘도 하나님께서 뚫어 주시리라는 마음이 먼저 찾아왔다. 두렵고 떨리는 마음으로 금식하며 자신을 단장했던 에스더와 같이 나에게도 언약의 땅으로 나아가기 위해 신부의 단장과 같은 기도와 겸비함이 필요함을 알게 되었다.

하나님은 우리의 자격을 요구하지는 않으시지만 우리의 겸비함을 보신다. 금식을 하면 시간의 흐름이 더디게 바뀌며 여유가 생긴다. 그리고 내가 얼마나 먹는 것에 집착하고 먹는 일에 진심으로 많은 시간을 바쳐왔는지를 알게 된다. 다니엘은 뜻을 정하여 왕이 내리는 산해진미와 포도주가 자신을 지배하지 못하게 했다. 예수께서도 광야에서 사십 일을 금식하며 기도하셨다. 먹는 것은 욕망의 첫 시작점이다. 욕망은 우리에게 가장 필요한 것들에서 시작되지만 결국 우리를 삼켜버린다. 비록 짧은 금식이었지만 나는 그 금식을 전후로 삼 주간 (세 이레) 하는 다니엘 금식을 세 번 누릴 수 있었다. 금식을 누린다는 표현이 맞는 이유는, 금식은 하나님이 차려주시는 영적 식탁으로의 초대이기 때문이다.

이스라엘에 가기 전 하나님은 그렇게 나를 준비시키셨다. 금식을 마친 뒤 담임목사님께 찾아가 담대하게 열흘 정도 이스라엘에 가야 할 것을 말씀드렸다. 너무나 기꺼이 이해를 받고 이스라엘에 갈 수 있게 된 것은 아마도 금식기도의 간절함에 대한 주님의 응답이었을 것이다.

그런데 난관은 그것만이 아니었다. 출국일이 셋째 아이의 출산 예정일과 겹치고 말았다. 아내가 출산을 하면 그 위로 네 살, 두 살 난 아들들을 돌볼 사람이 없었다. 아내에게 이번에 꼭 이스라엘에 가야 하는 이유에 대해서는 '부르심' 때문이라고 설명해보았지만, 굳이 아이가 태어날 때 가야 하는지, 새로운 생명이 태어나는데 다음 기회로 연기할 수도 있지 않은지에 대해서는 할 말이 없었다. 결국엔 하나님의 부르심이 너무 분명해서 이번에 꼭 가야 한다는 것을 아내도 이해해주었지만, 산후조리와 두 아이를 어떻게 돌볼지가 막막했다.

양가 부모님의 도움을 요청하기도 어려웠다. 부모님은 선교사로 스리랑카에서 사역 중이셨기 때문에 오실 수 없었고, 장모님도 장인어른의 병환으로 움직이기 어려운 상황이었다. 그래도 어렵사리 도와주시려고 장모님이 오셨는데 집안에서 넘어지시는 바람에 응급실에 들어가시고 급기야 긴급한 허리 수술까지 받게 되어 아무 대책 없이 출산일이 가까워 오고, 이스라엘 출국도 가까워졌다.

출국일을 이틀 앞두고 셋째 아들이 태어났다. 기뻐할 겨를도 없이 이스라엘에 가기 전에 해야 할 일들과 준비를 하고 있는데, 출국 전날 밤 아기의 황달 수치가 위험할 정도로 높아져서 다음날까지 떨어지지 않으면 입원을 시켜야 한다고 했다. 밤새 수치가 떨어지길 기도하면서 '이스라엘 한 번 가는 게 이렇게 어려울 일인가?'라는 생각을 했다.

대적은 오랫동안 이방의 교회와 성도들이 이스라엘과 연합하는 것을 막아왔다. 이스라엘과 이방의 연합이 회복되면 오랫동안 닫혔던 언약의 문이 열리기 때문이다. 그럼에도 우리 주님의 열심이 대적을 능히 이긴다. 기도하면서 마음에 이런 생각이 채워지며 평안이 찾아왔다. 출국하는 날 아침에 아기의 간 수치는 정상 범위로 돌아왔고, 위로 두 아이는 며칠씩 나누어서 친척집에 부탁을 드리고 인천공항에 도착했다.

그 땅에 가야 할 이유는 오히려 이렇게 많이 어려웠기 때문에 더 분명해졌다.

배턴 터치

오전에 태어난 아기 진료를 받고, 두 아들을 친척집에 데려다 놓고 헐레벌떡 공항 수속 창구 앞에 도착했다. 광야 원정대를 이끄는 김우현 감독이 인사하며 이렇게 전한다.

"오늘 하용조 목사님이 돌아가셨다고 합니다. 알고 계셨어요?"

순간 많은 생각과 기억들이 떠오르고 지나갔다. 8,90년대 부흥을 이끌던 하 목사님과 온누리교회, 목요찬양 집회 그리고 이스라엘에 대한 특별한 사랑과 메시지를 기억했다. 하용조 목사님은 이스라엘이 세계 선교의 열쇠이며 예루살렘의 평안을 위해 기도해야 온 열방에 복음이 전파된다고 설교했던 목회자였다. 나도 이스라엘에 대해 알게 되고 '한 새사람'의 신비에 대해 깨닫기까지 하 목사님을 통해 많은 영향을 받았었기에, 늘 육체의 가시로 괴로워하면서도 에루살렘의 평안을 위해 애써 간구하였던 한 목회자의 소천(召天)이 일반적인 부고(訃告)와는 다를 수밖에 없었다.

유대인들이 갖고 있는 귀한 믿음의 전통 중 하나는, '유업'은 계승되며 따라서 사명은 세대와 세대가 함께 이루어간다는 것이다. 그래서 어떤 사람을 부를 때 '누구의 아들'로 부르는 것이다. 세베대의 아들 야고보와 요한, 이새의 아들 다윗이라고 부르는 것에서 한 사람을 개인 단위로 보지 않고 항상 아버지와 아들의 연합체로 보는 특별한 시각을 볼 수 있다.

나는 복잡한 공항 수속대 앞에서 '하용조 목사님의 하나님이 나의 하나님이 되게 해주세요. 그 분이 남기신 한 새사람의 유업을 저도 받게 해주세요'라고 기도했다. 지금도 가끔 찾아 듣는 하용조 목사의 로마서 설교 가운데 이스라엘을 향한 하나님의 마음을 외치시는 그 분의 부르짖음을 들을 때 큰 은혜와 함께 놀라움을 느끼는데, 어떻게 일찍이 그 많은 성도들 앞에서 '이스라엘의 회복'을 저토록 담대히 선포할 수 있을까 하는 것이다. 이스라엘을 사랑하는 것과 축복하는 것은 자신의 생명을 담보해야 가능한 일이다.

하용조 목사의 소천은 다음 주자에게 넘겨주는 배턴 터치였다. 한국 교회의 역사에서 강력하고 풍성한 선교와 예배의 지평을 열어왔던 하용조 목사가 남긴 유업은 이제 남은 다음 주자들의 몫이었다. 그는 전제(奠祭)와 같이 다 부어져서 나와 같은 후배들에게 흘러 들어온 것이다.

공항에 모여 있는 광야 원정대 사람들의 밝은 얼굴은 그 유업이 죽지 않고 살아서 이어지고 있다는 것을 보여주는 것 같았다. 비행기가 서서히 움직이더니 이륙했다. 처음 비행기를 타고 해외에 가는 것도 아닌데 그날 이륙하는 비행기 안에서 'Take off'라는 단어가 새삼 새롭게 다가왔다. '떠남'(off)을 '취한다'(take). 나는 이제 새로운 언약을 향해 나아갔던 아브라함처럼 본토와 친척과 아비의 집을 내려놓고 떠날 것이다. 그리고 새 언약의 땅과 시간을 향해 나아갈 것이다.

마치 배턴을 넘겨받은 주자처럼 비행기는 힘을 다해 땅을 치고 올라갔다.

내가 왔나이다!

벤구리온 국제공항에 도착한 것은 밤 10시가 넘은 시간이었다. 철저하고 까다로운 입국 심사대를 거쳐 캄캄한 밤에 예루살렘의 숙소에 도착했다.

우리에게 모든 것이 시작되는 때는 아침이지만, 유대인들은 창세기에 나오는 "저녁이 되고 아침이 되니…"라는 구절에 근거하여 하루의 시작이 저녁부터라고 생각한다. 이것은 굉장히 다른 삶의 결과로 나타나는데, 하루가 아침부터라고 생각하는 세계관에서는 해가 뜨면 나가서 일을 하는 삶의 문화로 이어진다. 물론 이스라엘에서도 아침에 일어나 나가서 일을 하지만 그것은 하루의 시작이 아니다. 하루라고 하는 한 날의 시작과 목적이 일과 성취에 있지 않고 저녁에 집에 돌아와 사랑하는 가족들과 한 상에 둘러앉는 것에 있다는 것이다. 이것은 "무엇이 먼저인가?"라는 질문에 대한 성경의 답이기도 하다. 시작은 저녁부터라는 생각이 하루를 바꾸고 삶을 바꾼다. 새벽이 되어서야 잠이 들었고 어슴푸레 밝아오는 창밖을 내다보니 누런 화강암들로 세워진 건물들이 보였다. 예루살렘이었다.

광야 원정대는 일반적인 관광 루트를 따르지 않았고, 대부분 가톨릭이나 그리스정교회 소속 성당이 세워져 있는 곳들은 일부러 피해 다니는 것 같았다. 버스를 타고 가장 먼저 도착한 곳은 예루살렘이 아닌 베들레헴이었다. 베들레헴에서도 '예수탄생교회'와 같은 가톨릭 성지들이 아니라 '라헬의 무덤'을 향해 갔다.

야곱의 사랑하는 아내이자 베냐민을 낳다가 죽은 라헬의 무덤이라니. 그곳에는 유대인들, 특히 여성들을 위한 회당이 함께 세워져 있었다. 많은 유대인들의 기도 소리와 함께 안으로 들어갔다. 라헬의 죽음으로 베냐민의 생명이 시작되었다는 것이 마치 교회를 낳고 죽은 엄마와 같은 이스라엘을 느끼게 했다. 대동강에서 순교한 토마스 선교사의 아내 캐롤라인도 유산과 하혈 끝에 중국에서 숨을 거두었고, 토마스 선교사는 그 아내의 죽음 후에 순교를 바라며 가장 위험한 땅인 조선을 향해 선교사로 들어가지 않았는가. 이스라엘의 죽음이 라헬이나 캐롤라인의 죽음처럼 큰 생명의 역사의 씨앗이 되었다.

이스라엘은 그 나라와 민족의 죽음으로 교회를 낳다 죽은 라헬 같다. 그 아들을 '슬픔'이라고 부르며 죽어가던 라헬 곁에서 야곱은 그를 '오른손의 아들' 베냐민으로 불렀다.

예루살렘 성전에서 정면에 보이는 곳이 유대 광야다. 한반도의 70퍼센트가 산이라면 이스라엘은 광야가 그렇다. 온통 누런 흙색 골짜기들이 펼쳐진 광야는 하늘과 바로 연결되어 있었다. 하늘이 가장 많이 보이는 곳, 아버지 하나님의 마음을 가장 많이 느낄 수 있는 곳이 바로 광야다. 끝없이 펼쳐진 유대 광야를 바라보면서 다윗의 시편 대부분이 이 광야가 낳은 작품이란 것을 알 수 있었다. 하나님의 숨결이 느껴지는 곳, 바로 그 땅에 온 것이 이제야 느껴졌다.

나의 눈에 광야는, 인간이 만든 어떤 작품보다 놀라웠고 세상 그 어떤 절경보다 더 감동적이었다. 그곳은 하나님과 내가 가장 친밀한 관계로 들어가는 침소와 같은 곳이다. 광야를 결핍의 공간으로 생각하지 않고 하나님 외에 다른 불필요한 것이 없는 정결의 공간으로 바라보니, 왜 하나님께서 출애굽한 이스라엘 백성들을 광야로 이끄셨는지, 왜 요단강에서 세례를 받으신 빛나는 아들 예수님을 광야로 이끌고 가셨는지가 생생히 느껴졌다.

유대 광야를 지나 여리고로 가는 길목에서 우연찮게 옆자리에 앉게 된 정재완 형님이 소리를 높여 외치기 시작했다.

"…이…야….! 내…내…가 왔도다! 내…가 왔도다!"

이스라엘을 향한 순수한 그 외침에서 깊은 사랑과 기쁨이 느껴졌다. 그리고 나는 이 여정이 단순히 과거에 있었던 성서의 성지를 답사하는 것이 아니라는 것을 깊이 깨닫게 되었다. 이것은 초대였다. 그 오랜 언약으로의 초대. 성경의 언약과 성취는 아브라함과 모세 그리고 다윗과 예수님 같은 위대한 인물과 구원자들의 이야기로 완결되었다고 생각했었지만, 하나님께서는 그 언약에 참여할 장본인으로 이방의 남은 자를 부르신다는 것을 알게 되었다.

그 때에 내가 말하기를 내가 왔나이다 나를 가리켜 기록한 것이 두루마리 책에 있나이다 _시편 40:7

광야를 가로지르며 달리는 차 안에서 마치 성경의 언약이 좌우로 갈라지고 그 가운데로 내가 들어가는 듯한 환상이 현실의 창밖 풍경과 이어지는 것처럼 느껴졌다. 하나님께서 세상을 구원하시는 그 놀라운 언약이 실제로 지금 이 시대에 이루어지고 있고, 그 때와 장소에 내가 있다니! 이것만큼 놀랍고 감격적인 일이 어디 있겠는가?

문자와 상상의 영역이었던 하나님의 구원의 언약이 내 실제의 삶과 이어지게 된 순간이었다. 이스라엘이 회복되고 열방이 구원을 받는다는 그 전 세계와 시대를 아우르는 거대 언약이 지극히 작은 한 사람의 삶과 연결되어 있다는 것은 하나님의 놀라운 섭리였다.

이것은 구원의 다음 단계를 열어주었고 세계관에 너무나 큰 변화를 가져오는 일이었다. 나를 비롯해 많은 사람들이 구원이라는 것을 '내가 어떻게 되느냐'에 초점을 맞추어 생각한다. 내가 천당에 가느냐 못 가느냐, 혹은 내가 행복하고 건강하냐 불행하고 아프냐와 같은 '나'라고 하는 굴레에서 빠져나오는 것이 진정한 구원이다. 이제는 나를 위해 살지 않고, 내 가난이나 질병이 두렵지 않고, 오직 하나님의 나라가 이 땅에 이루어지는 것을 위해 살게 되는 것이 구원이다.

그래서 나는 광야를 가로지르며 달리는 그 장면을 생애 가장 큰 전환과 구원의 이미지로 간직하고 있다.

보이지 않아도 있다

내가 중학생이던 80년대에 유행했던 시가 있다. 요즘 중학생들이 힙합이나 아이돌 가수들의 노래를 외우는 것처럼 그때는 서정윤 시인의 '홀로서기'가 최고였다. 도종환 님의 '접시꽃 당신'이나 유안진 님의 '지란지교를 꿈꾸며'도 있었지만 언제나 1위는 '홀로서기'였다. 그런데 제목은 홀로서기인데, 나는 혼자 못 산다는 내용이었다.

"태어나면서 이미 누군가가 정해졌었다면 이제는 그를 만나고 싶다."

사춘기 학창 시절, 아직 보이지 않지만 이 세상 어딘가에 살고 있을 나의 반쪽에 대해 막연한 그리움이 있었다. 당시 이층집에 살던 나는 해질녘이 되면 지붕 위에 걸터앉아 유행가를 부르면서 누군지 모를 그 사람을 그리워하곤 했다.

이스라엘에 처음 들어갔을 때, 나는 '결국 이곳으로… 돌아왔구나'라고 생각했다. 잊혀진 본향을 찾는다는 것은 무엇을 잊어버렸는지 모르기에 막연하지만 그래서 더욱 절실한 일이다. 로마서는 이스라엘에 대하여 그것이 우리의 뿌리라고 말하고 있다(롬 11:18). 뿌리, 그 근원을 찾아 올라가면 결국 아브라함, 노아 그리고 아담에까지 이르는 계보의 가장 끝을 찾게 된다. 이 계보를 적어놓은 것이 누가복음 3장의 족보이다.

…그 위는 셋이요 그 위는 아담이요 그 위는 하나님이시니라 _누가복음 3:38

결국 우리는 굉장히 다른 것 같아도 한 피를 받아 한 몸을 이룬 존재라는 것이다. 그것이 '한 새사람'의 이야기이다. 이 한 몸을 찾아내는 것이 결국 하나님을 더듬어 찾아 발견하는 것이다.

인류의 모든 족속을 한 혈통으로 만드사 온 땅에 살게 하시고 그들의 연대를 정하시며 거주의 경계를 한정하셨으니 이는 사람

으로 혹 하나님을 더듬어 찾아 발견하게 하려 하심이로되 그는
우리 각 사람에게서 멀리 계시지 아니하도다 _사도행전 17:26-27

나는 이스라엘과 유대인들이 마치 고향 땅과 친척들처럼 느
껴졌다. 이것은 우리가 한 혈통에서 나왔기 때문에 마치 잃어
버린 혈육을 찾은 것 같은 느낌이었다는 것이 아니다. 오히려
혈통적으로는 큰 관계가 없을지라도 유대인들과 우리는 동일
한 '이야기'를 갖고 있다는 것이 큰 이유일 것이다. 우리는 같
은 아브라함의 이야기를 갖고 있고, 욥의 고난, 다니엘의 용
기, 다윗과 골리앗처럼 수많은 같은 이야기를 가지고 있다.

사도행전 17장에서 사도 바울이 아덴 지역의 아레오바고
광장에서 이방인들에게 했던 설교는, 우리가 한 혈통인 것보
다 거주의 경계로는 이전에 완전히 타인이었지만 성경이라는
한 이야기와 한 하나님 안에 살고 있기 때문에 우리가 주님과
가까워질수록 유대인들과 이방인들이 가까워지게 된다는 것
이었다. 피는 물보다 진하지만 이야기는 그 피보다 더 진한
유대감을 만들어낸다.

우리가 한 하나님을 믿고 있다는 것은 구약과 신약의 중심
에 계신 그 하나님이 같은 분이시기 때문이다. 유대교의 하나
님과 기독교의 하나님은 다른 분이 아니다. 이것까지는 대부
분의 기독교인들이 동의한다. 그러나 문제는 그 하나님께서

유대인들을 버리시고 그 택하신 백성들을 갈아치우셨다는 생각으로 변질되었다는 것이다. 내가 아는 하나님은 누가 실망스럽고 약속을 어겼다고 해서 포기하시는 분이 아니다. 오히려 끝까지 그가 돌아오기를 기다리시며 마을 어귀에서 종일 서성이는 아버지의 모습이 우리 하나님이시기 때문이다.

오직 시온이 이르기를 여호와께서 나를 버리시며 주께서 나를 잊으셨다 하였거니와 여인이 어찌 그 젖 먹는 자식을 잊겠으며 자기 태에서 난 아들을 긍휼히 여기지 않겠느냐 그들은 혹시 잊을지라도 나는 너를 잊지 아니할 것이라 _이사야 49:14-15

여리고에서 **한 새사람을 외치다**

첫 이스라엘 여정은 보통의 성지순례와 많이 달랐다. 일단 제목이 '광야 원정대'였는데 성경적으로 깊은 의미가 있는 테마였다. 그것은 약속의 땅을 정탐할 사명을 가진 열두 정탐꾼의 이야기였다. 모세는 각 지파에서 뽑은 열두 명의 지휘관들에게 약속의 땅에 먼저 가서 정탐하라는 명령과 함께 그들을 파송했다. 그것이 광야 원정대의 뜻이었다.

그리고 우리가 이스라엘에 들어간 바로 그 기간이 사십 일 동안 정탐을 마치고 돌아온 사람들이 그 땅에 대해 악평을 쏟아놓았던 날이었다. 성서력으로 아브월 9일을 티샤브 아브(Tisha B'Av תשעה באב)라고 해서 이스라엘은 그 날을 자신들의 국치일로 기념하고 있었다. 여행 기간 중 그해 8월 8일이 그 날이었는데, 유대인들은 일 년 중 그 날을 가장 수치스럽고 후회되는 날로 기억하고 통곡의 벽 앞에서 검은 상복을 입고 마음을 찢는 회개의 애곡을 외친다. 그 이유는 하나님의 땅을 악평했던 그들의 말로 인해 이스라엘 백성들이 광야를 사십 년 동안 방황하게 되었고, 악평했던 세대는 하나님의 나라로 들어가지 못한 채 광야에서 생을 마치는 큰 저주를 받았기 때문이다.

그게 끝이 아니었다. 이스라엘의 역사에서 아브월 9일은 반복되는 저주와 멸망의 사건들이 계속 이어졌다. 큰 역사적 사건들만 정리해보면, BC 587년 바벨론에 의해 1차 성전이 무너졌던 날이 아브월 9일이다. 그런데 AD 70년에 2차 성전이 로마에 의해 무너진 날도 같은 날인 아브월 9일이다. 1290년에는 영국에서 에드워드 1세의 령(令)으로 유대인들이 추방된다. 그날도 아브월 9일이었다. 1306년 프랑스에서, 1492년 스페인에서 유대인이 추방되는데 모두 아브월 9일이다.

1935년 아브월 9일에는 유대인 학살 결의안인 뉘른베르크 법이 독일 의회를 통과하고 6백만 명의 유대인들이 학살당했다. 이 모든 일이 놀랍게도 다 같은 날 일어났다. 대체 이것은 무슨 의미일까? 땅에 대한 악평의 결과는 생각했던 것보다 훨씬 더 참혹했다. '악평'이라는 것이 단순히 열두 정탐꾼의 이야기가 아니라 이스라엘과 세계 역사 전체를 관통하는 악의 축이라는 것을 알게 되었다.

그것은 선악을 판단하는 열매를 먹고 에덴동산에서 추방된 이후 가인이 동생 아벨을 죽이고, 이방인들과 특별히 기독교 인들이 이스라엘에 대해 악평을 쏟아내고 분노하는 반유대주 의에까지 이어지는 저주였다. 비단 나치 독일뿐 아니라 유대 인들과 함께 살아가던 유럽의 여러 나라들, 영국이나 스페인 등 여러 지역에서는 이미 그 백성들에 대한 악평이 분노로 변 해갔고 곳곳에서 추방과 함께 토라와 탈무드를 불태우는 일 들이 일어났다. 십자군에 의해 헤아릴 수 없는 학살과 폭행이 이스라엘 땅에서 일어났고, 아직도 많은 기독교인들과 목회자 들이 이스라엘에 대한 저주를 쏟아내는 통로가 되고 있다.

이스라엘에 들어가서 처음 들어본 티샤브 아브(아브월 9일) 의 이야기를 통해서 배우게 된 것은, 말이라는 것을 할 수 있 는 존재로 창조되어 세상을 지키고 충만하게 할 인간이 '악평' 이라는 저주의 도구가 될 때 모든 것이 파괴된다는 사실이다.

하나님께서 아브라함과 맺으신 언약에서도 이 사실이 잘 드러난다.

너를 축복하는 자에게는 내가 복을 내리고 너를 저주하는 자에 게는 내가 저주하리니 땅의 모든 족속이 너로 말미암아 복을 얻 을 것이라 하신지라 _창세기 12:3

대적이 그토록 원하는 것은 우리가 약속의 땅과 그 백성을 악평하는 것이다. 나는 그 정탐과 악평의 시간에 이스라엘로 부르신 하나님의 마음을 지금도 붙들기를 원한다.

이스라엘의 첫 여정은 일본 동경에 있는 이스트윈드교회의 청년들과 함께 연합해서 진행되었는데, 전에 원수 되었던 한국과 일본이 이스라엘의 회복이라는 하나님의 마음 안에서 함께 연합한다는 것이 진정한 원뉴맨의 성취임을 경험하게 되었다. 땅에 대한 악평과 사람에 대한 악평은 공통점이 있다. 사람 역시 흙에서 나왔기 때문이다.

우리는 함께 동행한 일본인 성도들과 함께 여리고성에 가서 이 원수 맺음과 비방의 주술이 끊어지게 해달라고 기도했다. 내가 이런 기도를 할 수 있다니! 그저 나 자신의 문제나 잘 풀리지 않는 주변 환경에 대한 안타까움을 토로하는 것이 아니라 하나님의 백성들과 이스라엘을 위한 기도를 하고 있다는 것이 스스로 놀라웠다. '한 새사람'이 열리면서 여러 유익이 있었지만 그중에 개인적으로 가장 큰 변화는 '나'라고 하는 애굽에서 빠져나온 것이다.

오래전 여리고를 정탐하던 그들의 눈에 보이던 성벽은 너무 견고했고, 아낙 자손들은 거인처럼 보여서 스스로가 메뚜기처럼 느껴졌다. 골로새서 2장 18절을 보면 악평이란 자신이 본 것에 의지하여 과장된 두려움을 만들면서 나오게 되는데, 그것은 결국 내가 머리가 되어 모든 것을 판단할 때 일어나는 일이다. 우리의 머리는 예수님이고 그것을 붙든 자들은 '보이는 것'에 현혹되지 않았다. 여호수아와 갈렙은 자신들이 본 것에 의지해서 판단하지 않았다. 오직 하나님의 약속과 함께하심이 판단의 기준이 되었다.

> 그 땅을 정탐한 자 중 눈의 아들 여호수아와 여분네의 아들 갈렙이 자기들의 옷을 찢고 이스라엘 자손의 온 회중에게 말하여 이르되 우리가 두루 다니며 정탐한 땅은 심히 아름다운 땅이라 여호와께서 우리를 기뻐하시면 우리를 그 땅으로 인도하여 들이시고 그 땅을 우리에게 주시리라 이는 과연 젖과 꿀이 흐르는 땅이니라 _민수기 14:6-8

결국 십계명과 율법에서 말하는 보이는 신을 만들지 말라는 경고는 우리가 얼마나 보여지는 것에 쉽게 현혹되고 하나님을 부정하는지를 깨닫게 한다. 우리가 판단의 기준을 보이는 것에 두지 않고 하나님께 둔다면 내 입으로 승리를 선포하는 대언자가 될 수 있다. 이것이 그날 여리고에서 열린 원뉴맨을 위한 기도이다. 그 현장에서 이런 기도가 내 입술로 선포된다는 것이 내게는 너무 큰 축복이요 영광이라는 생각이 들었다. 기도 중에 성령의 강력한 임재가 불어왔다. 예배는 점점 깊어졌고 하늘은 훨씬 더 가까이 내려온 것처럼 느껴졌다.

사라진 **버스**

다음날 일정을 위해 숙소에서 출발하는데, 총 다섯 대였던 버스가 세 대만 이동하고 있었다. 조금 의아해하며 목적지에 도착했는데 그곳은 아둘람 동굴 지역이었다. 다윗이 사울의 낯을 피해 도망쳐 숨어 들어갔던 바로 그곳이다. 일정을 담당하시던 간사님에게 버스 두 대가 안 보이는 것에 대해 묻자 "아, 이제부터 일본팀은 따로 움직입니다"라고 답을 했다. 어제 예배를 같이 드리면서 일본 팀의 목사님이 이런 식으로 예배를 같이할 수 없다고 항의했다는 것이다. 나에게는 인생의 많은 예배들 가운데 손꼽을 정도로 깊은 임재와 은혜가 있던 예배였는데, 그 목사님은 분위기에 취하는 자아도취 같은 예배라며 분노했다는 것이다.

몇 차례 이런 팀과 동행한 경험이 있던 간사님은 "이스라엘에 와서 이렇게 한 새사람의 여정을 함께할 때 이런 분열이 자주 일어납니다"라며 이전에도 여러 번 이런 다툼과 분열이 순식간에 팀 안에서 일어나 번졌던 경험을 이야기해주었다. 대적이 가장 싫어하는 일이 바로 원뉴맨이 이루어지는 일이라는 것을 곧바로 느낄 수 있었다. 분열, 원수 맺음을 통해 대적은 오랫동안 일본과 한국을, 이스라엘과 팔레스타인을 괴롭혔고, 서로 미워하는 증오를 키우는 것이 마치 애국자가 되는 것처럼 생각하도록 하는 틈을 이용해 교묘히 양쪽을 다 파멸시켜왔다.

우리가 바로 그 대적과 싸우는 것이다. 역사적으로 가장 성공해온 대적의 승리를 빼앗아 오는 것이 결코 쉽게 이루어지지 않는다는 것을 이후에도 여러 번 경험했다. 나는 간사님에게 어떻게 대처했는지를 물었다. "그냥 다 죄송하다고 사과하고, 그분들 요구대로 따로 일정을 진행하시도록 버스 편이나 여러 편의를 돕기로 했죠…." 간사님은 담담한 목소리로 답을 했다. 옆에서 듣기에 억울하고 그래서 같이 분노가 치밀어 오를 수 있지만, 우리가 지금 싸우고 있는 것이 바로 이것임을 정확히 알고 있는 대답이었다.

많은 경우에 우리는 생각이 다르거나 관점이 다른 사람들을 대적으로 삼는다. 그러나 진짜 대적은 뒤에서 이런 우리의 분열을 보며 승리감에 취해 있을 바로 그들이다. 그러니 우리가 이 점에 대해 깨어 있어야 하고, 또한 미리 이런 싸움에 대비가 되어 있어야 한다. 그래야 이 싸움을 마치고 다시 주님 앞에 설 수 있다.

마귀의 간계를 능히 대적하기 위하여 하나님의 전신 갑주를 입으라 _에베소서 6:11

하나님의 전신갑주는 바로 이 전쟁을 위해서 입는 것이다. 마귀의 간계는 우리를 서로 물고 뜯는 짐승으로 만드는 것이다. 첫 이스라엘 여정에서 일어난 일들은 시간과 사람만 다르게 집요하게 이어져왔다. 분명한 것은 이런 일들에 대해 언제나 다른 쪽 뺨을 돌려댈 준비를 하고 있어야 넘어지지 않을 수 있다는 것이다. 가장 수치스러운 패배는 나를 통해서 대적의 분노가 발산되는 것이다. 우리가 싸우는 상대는 혈과 육을 가진 우리의 형제 된 사람들이 아니라 그 뒤에서 우리를 싸움 붙이며 즐거워했던 어둠의 세상 주관자들임을 분명히 알아야 한다.

이스라엘에서 돌아오는 길에 공항에서 어색하게 조우한 일본팀과 같이 수속을 밟는 줄에 섰는데, 공교롭게 내 뒤에 바로 그 일본팀 목사가 서 있었다. 나는 팀이 분리되기 전에 함께 드렸던 한 예배에서 그 목사가 설교했던 내용을 기억해서 그 메시지에 정말 깊이 은혜를 받았고, 그 지혜를 잘 간직하여 한국에 갈 수 있어서 감사하다고 말을 건넸다.

나는 원래 낯가림이 심하다. 또 일본인과 영어로 대화를 한다는 건 더 어려운 일이었지만, 무언가 좀 어둡고 어색한 그림자 뒤에 홀로 서 있던 그에게 나름의 축복을 하고 싶었다. 그 교회의 청년들과 사역자들을 통해 많은 감동을 받았고, 앞으로도 계속 기도하겠다는 말도 어떻게든 전했다. 처음엔 경계하던 그 목사도 이어지는 감사와 축복에 마음이 조금 풀어진 듯 원뉴맨의 여러 경험들을 들려주었다. 대화하는 중에 성령께서 기뻐하시는 마음을 느낄 수 있었다.

원뉴맨을 이루는 것은 축복의 말, 감사와 찬송의 말이다. 원뉴맨은 이를 통해서 열매를 맺는다. 우리는 이메일을 주고받고 앞으로도 연락하자고 약속하고 비행기를 탔다. 그다음 해 다시 이스라엘에 들어갈 때 그 목사님이 생각나서 연락을 했고, 감사하게도 당시 동행하지 못했던 목사님의 사모님이 우리의 여정에 동행할 수 있게 되었다. 사모님은 암 투병 후 기적적으로 치유를 받고 깊은 체험에서 나오는 중보자로 사역하고 계셨는데 함께하는 여정 내내 진심으로 감격하며 기뻐하였다. 연합을 이루는 일에는 정성도 필요하고 기다림도 필요하다.

돌아오는 비행기 안에서 앉자마자 잠이 든 나는 꿈을 꾸었다. 감람산 위에 수많은 성도들이 함께 예배하고 있는데 그곳에 나도 있었다. 모두 흰옷을 입고 있었는데 예전에 교회에서 연극할 때 입었던 무대의상 같은 옷이었다. 구름과 함께 감람산 정상에 하늘이 내려오고 안개와 빛 너머로 예수님께서 걸어 내려오시는 것을 보았다. 재림의 장엄한 장면이었다. 그런데 그게 상상의 세계가 아니라 실제 예루살렘의 감람산 정상에서 이루어지고 있는 것이다!

다들 엎드려 예배하고 있는 와중에 나는 고개를 들어 주변에 어떤 사람들이 함께 있는지를 살폈는데, 다 흰 천을 머리까지 뒤집어쓰고 있어서 잘 보이진 않았지만 모두 이스라엘 여정에 함께했던 분들인 것 같았다. 나중에 예수님이 감람산으로 오실 것이라는 성경의 예언을 알고 꿈에서 바로 그 장면을 그대로 본 것이었음을 알게 되었다.

그 날에 그의 발이 예루살렘 앞 곧 동쪽 감람산에 서실 것이요 감람산은 그 한 가운데가 동서로 갈라져 매우 큰 골짜기가 되어서 산 절반은 북으로, 절반은 남으로 옮기고… 그 날에 생수가 예루살렘에서 솟아나서 절반은 동해로, 절반은 서해로 흐를 것이라 여름에도 겨울에도 그러하리라 여호와께서 천하의 왕이 되시리니 그 날에는 여호와께서 홀로 한 분이실 것이요 그의 이스가랴 선지자가 보았던 것처럼 주님이 오시는 바로 그 날에 이루어질 일은 '홀로 한 분'이 되신다는 것이다. '에하드', 홀로 한 분이신 예수님을 온 땅과 이스라엘이 함께 찬양하며 그분을 맞이하게 될 것이다. 그간의 종말론은 너무 어두운 아포칼립스(Apocalypse) 류의 대재앙으로 치우쳤다. 그러나 종말은 비극이나 끝이 아닌 예수 그리스도의 다시 오심과 그의 나라가 시작되는 것이다. 우리는 기대감으로 갈망하며 종말의 때를 맞이하고 살아가야 한다. 세상의 멸망이 아닌 새로운 시작을 고대하는 종말 신앙으로 온 세계가 한 분이신 주님을 왕으로 맞이하는 장면, 비행기에서 보여주셨던 이 꿈이 아직도 내게는 그 어떤 현실 경험의 기억보다 더 생생하다.

ONE NEW MAN

PART 3

광야로 들어가다

그렇다면 이제는

귀국 후 인천공항에서 집으로 돌아오자 아이들이 춤을 추며 반겼다. 아내가 품에 안은 막내 아기의 이름을 물었다. 이스라엘로 떠나기 전에 내가 태어난 아기의 이름을 받아오겠다고 약속했기 때문이다.

"이 아이의 이름은 시온이에요."

아내는 시온이라는 이름의 뜻에 대해 물었다.

> 남은 자는 예루살렘에서부터 나올 것이요 피하는 자는 시온산에서부터 나오리니 여호와의 열심이 이 일을 이루리라 하셨나이다 하니라 _열왕기하 19:31

시온이라는 이름은 히브리어 '치야'(ציה)에서 유래한 단어인데, "마른 땅"(렘 51:43)을 뜻하는 말이다. 시온은 "광야의 표지"라는 뜻이다. 광야로 들어가는 입구, 그곳에 가야 우리는 비로소 '남은 자'로 살 수 있다. 수많은 사람들이 하나님을 믿지만, 나 역시 그분의 뜻에만 온전히 순종하고 그 길을 걸어가는 '남은 자'로 살고 싶었다.

내가 보았던 이스라엘과 예루살렘은 광야로 들어가는 표지였다. 나는 삶과 사역의 갈림길에서 정말 중요한 이정표 앞에 서 있었다. 그것이 시온이었다. 광야의 표지. 광야로 가야 살 수 있다. 성령께서는 우리를 광야로 인도해주시는 분이다. 불기둥과 구름기둥, 독수리의 두 날개 모두 광야로 이끄시는 성령님의 이끄심이다.

그 여자가 큰 독수리의 두 날개를 받아 광야 자기 곳으로 날아가 거기서 그 뱀의 낯을 피하여 한 때와 두 때와 반 때를 양육 받으매 _요한계시록 12:14

마지막 때 입을 벌리고 해산한 아이를 삼키려는 용을 피해 살 수 있는 있는 곳은 광야다.

나는 그 이정표 앞에서 분명한 길을 보았다. 광야 반대편으로 가는 길도 계속 시뮬레이션을 돌려 생각해봤다. 마치 영화의 요약본처럼 나는 광야가 아닌 길을 걷다가 넘어지고 부패하고 오염되어 가는 미래를 봤다. 적당한 명성, 주변의 인정,

얼마간 먹을 수 있는 떡고물 같은 보상과 집착들…. 그것은 내가 살고 싶지 않은 삶이었다. 나는 그런 사람으로 남은 생을 살고 싶지 않았다. 성령께서는 광야로 가는 것이 더 안전하고 평안하다는 것을 알게 해주셨다.

시온의 뜻을 묻는 아내의 질문에 짤막이 "광야로 가는 표지래요"라고 답했다. 아내는 '아…' 하는 탄식인지 감탄인지 모를 답을 했다.

이스라엘에서 돌아온 후 나는 다시 부교역자의 업무에 복귀했지만 내가 듣고 본 것에 대해 그대로 전하지 못했다. 설교나 강의를 통해 이스라엘의 회복에 대해 나누었을 때 성도들과 다른 교역자들이 과연 어떻게 생각할까 하는 두려움이 있기 때문이었다. 나는 이스라엘을 알게 되고 다녀오게 된 이전으로 돌아갈 수 없다는 생각을 하게 되었다. 그러나 스스로 자기검열을 하며, 혹시 모를 오해나 시비에 걸리지 않도록 주의하고 있는 나 자신의 모습에 답답함도 느끼고 있었다.

우리가 하나님의 역사를 제한하면 성령께서 떠나신다.

성령을 소멸하지 말며 _데살로니가전서 5:19

109

그러던 어느 금요 심야예배 시간이었다. 당시에 부목사들이 돌아가면서 로마서 강해를 한 장씩 하고 있었는데, 그날이 마침 로마서 11장 차례였다. 내가 설교할 순서는 아니었지만, 과연 로마서 11장의 이스라엘의 회복과 접붙임을 받은 이방 교회의 메시지를 나라면 어떻게 전할 수 있을까 생각하면서 예배를 기다렸다. 그런데 그날 설교 담당이었던 목사님이 설교 대신 '회복'이라는 영화를 상영하겠다고 했다. 이스라엘의 회복과 예수를 믿는 유대인들이 연한 순과 같이 돋아나는 무화과나무의 비유가 모두 연결되는 메시지를 담고 있는 바로 그 영화를 교회에서 예배 시간에 상영한다는 것이 나에게는 남다른 의미였다.

일전에 영화관에서 개봉했을 때 나는 혼자 가서 그 영화를 보았다. 그때는 '이스라엘의 회복'이나 '한 새사람'의 관점을 전혀 몰랐기 때문에, 단순히 이런 소재와 주제를 가진 영화가 한국 교회와 성도들에게 화제가 된다는 것이 오히려 이상하다는 생각을 했다. 이스라엘에 예수님을 믿는 소수의 유대인들이 있다는 것을 알고는 있었지만, 그들이 그 신앙을 지키기 위해 많은 희생과 대가를 치러야만 하는 현실에 대해서 알게 되었지만, 그렇다고 그게 한국 교회가 짊어져야 할 특별한 사명과 연결되어 있다고는 생각하지 못했었다. 그러나 이제 이스라엘의 회복과 메시아닉 유대인의 출현이라는 큰 언약의 문이 열리고 있음을, 나는 영화를 다시 보며 확신할 수 있었다.

하나님은 나를 움직이고 계셨다. 이대로 계속 머뭇거릴 수 없었다.

엘리야가 모든 백성에게 가까이 나아가 이르되 너희가 어느 때까지 둘 사이에서 머뭇머뭇 하려느냐 여호와가 만일 하나님이면 그를 따르고 바알이 만일 하나님이면 그를 따를지니라 하니 백성이 말 한마디도 대답하지 아니하는지라 _열왕기상 18:21

순종은 즉각적으로 해야 한다. 나중으로 미루는 순간부터 내가 주인 노릇을 하게 된다. 나를 머뭇거리게 했던 것이 무엇인지 다시 천천히 살펴보니 사람들의 시선이나 나의 걱정들이 그 근원에 있었다. 엘리야의 시대 뿐만이 아니다. 바알을 우상으로 섬기는 신앙의 변질은 오늘날의 교회와 사역자들에게도 계속되는 문제이다. '바알'이란 이름의 뜻은 "주인"이다. 하나님께서는 시간의 주관자이시다. 그렇기 때문에 순종은 하나님께서 부르시고 원하시는 때에 해야 한다. '때와 시기'에 대한 주권이야말로 하나님께 속한 것이다.

나는 이제 더 이상 가만히 머물러 있지 않겠다는 각오로 기도하기 시작했다. 며칠 동안 점심 식사 시간에 홀로 예배당에 앉아 기도했는데 응답을 주셨다. 마음에 확신을 가지고 소속

된 교회의 목사님께 먼저 사임하겠다고 말씀을 드렸다. 구체적인 다음 사역지나 계획이 없었기 때문에, 다만 "무언가 하나님의 부르심이 있으신데, 그 길을 순종하며 따르려고 합니다"라고만 말씀드렸다.

그때 나는 부르심의 본질을 향해 사역과 삶의 방향을 다시 조정했다고 느꼈다. 삶의 노정을 따라 걷는 동안 방향을 제때 조정하지 못하면 너무 먼 길을 돌아가게 되고 길을 잃을지도 모를 상황에 처하게 된다. 나는 주님의 나라와 그 언약이 이루어지는 것에 내 삶을 드리고 싶었다. 그 방향을 수정하기 위해서는 일단 멈추고 푯대를 확인해야 한다.

중요한 것은 일단 멈추는 것이다. 멈추지 않으면 움직이던 관성 때문에 푯대를 향해 제대로 나가기 어려워진다. "안식일을 기억하여 거룩하게 지키라"(출 20:8). 네 번째 계명으로 주신 샤밧(שבת 안식)이라는 단어는 하던 일을 일단 즉시 "멈추다", "그만두다"라는 뜻을 가진다. 멈추어야 하나님의 음성을 들을 수 있고, 멈추어야 그분의 뜻에 따라 다시 움직일 수 있다.

예수님이 안식일에 병든 사람들을 고치신 것에 대해 판단하고 정죄했던 바리새인들의 외식이 잘못된 것이지 안식일이 잘못된 것이 아니다. 성경 어디에도 안식일을 폐하셨다거나 다른 날로 변경되었다는 말씀을 찾을 수 없다. 안식일이야말로 시간의 소유권을 다시 하나님께로 드리는 날이다. 시간의 주권을 돌리는 것에서부터 모든 것이 제자리를 찾게 된다.

> 너는 이스라엘 자손에게 말하여 이르기를 너희는 나의 안식일을 지키라 이는 나와 너희 사이에 너희 대대의 표징이니 나는 너희를 거룩하게 하는 여호와인 줄 너희가 알게 함이라 _출애굽기 31:13

일하다 지친 몸과 마음의 휴식의 개념이 아니라, 시간의 첫머리를 하나님과의 깊은 관계 안에서 세우는 것이 안식일의 의미이다. 일을 잘하기 위해 쉬는 게 아니라, 멈추고 쉼을 통해 하나님께 더 집중하고, 가족들과 함께하는 것이 샤밧이다. 성경에서는 일을 하기 시작하는 아침이 하루의 시작이 아니라 "저녁이 되고 아침이 되니"라는 말로 시간의 역전을 이루게 하신다. 바쁘다는 것은 우리가 시간의 주인 노릇을 하다가 결국 그것을 빼앗겨버렸다는 뜻이다. 일단 멈추면 가장 중요한 것들을 되찾을 수 있는 기회가 열린다. 멈춰야 한다.

나는 지금도 한국 교회의 성도들과 목회자들이 너무 바쁘다는 것을 다시 한번 돌이켜봐야 한다고 생각한다. 바쁜 것은 충성하는 것이 아니다. 유진 피터슨은 그의 책《목회자의 영성》(포이에마)에서 "목사 앞에 붙는 '바쁘다'라는 형용사는 마치 '간음하는' 아내나 '횡령하는' 은행가라는 말처럼 우리 귀에 들려야 한다. 그것은 터무니없는 스캔들이고 신성모독적인 모욕이다"라고 말했다.

일단 멈추고 안식하는 것으로 한 새사람의 사명을 시작하게 하셨다는 것은 이후 구약의 토라(모세오경)에서 배우고 받게 된 큰 선물이기도 했다. 결국 나는 바쁘고 정신없이 끌려다녔던 삶을 멈추었다. 안식일을 시간의 기준점으로 삼는 것이 중요하다. 우리는 일을 시작하는 아침을 하루의 시작으로 삼지만 하나님의 나라에서는 안식이 하루의 시작이다. '저녁이 되고 아침이 되는' 것이다. 멈추고 돌아와 제자리를 찾는 것, 이것이 샤밧이다. 사역자들에게 가장 중요한 사명은 멈추고 쉬는 것이다. 그래야 하나님의 음성을 들을 수 있고, 일에 빼앗겼던 더 중요한 하나님과의 관계를 회복할 수 있다.

이전에 내가 갖고 있던 이스라엘의 회복에 대한 생각은, 그들도 세계 열방의 여러 나라들 중 하나일 뿐이라는 것이었다. 나는 큰 나라든 소수민족이든 상관없이 세계 여러 종족들 가운데 하나라는 것이 공평하고 합리적인 생각이라고 생각해왔다. 그래서 선교사들이 그들의 사명에 따라 특정 나라와 문화권에 대해 가질 수 있는 사명이 있을 수는 있어도, 그 나라만의 회복이 어떻게 특별할 수 있을까 하는 생각을 갖고 있었다.

그러나 성경 안에서 다시 이스라엘을 알게 되고, 그들을 언약적인 백성으로 택하시고 부르신 하나님의 계획 안에 열방의 회복이 연결되어 있다는 것을 알게 되었다. 모든 열방의 실타래가 '이스라엘'이라는 하나의 매듭으로 연결되어 있는 것이다.

하나님께서는 아브라함에게 주신 언약에 이스라엘과 이방의 관계를 예정하셨다.

세계 모든 민족들이 이스라엘을 축복하고 그들과의 언약
적 관계를 회복할 때 복을 받게 되는 것이다.

딱 40일

갑작스런 사임으로 주변에서 그다음 계획에 대한 질문을 많이 받았다. 하지만 나에겐 그다음에 대한 계획이 없었다. 지금 생각해보면 너무 무모해 보인다 싶은 정도의 순종을 할 수 있었던 당시의 내가 부럽다. 사임을 하고 인사를 드리며 "아, 그냥 일단 그만두는 것부터 시작하는 거고요. … 그리고 기도하면서 듣고 가려고 합니다"라는 답을 하고 집으로 돌아왔다.

다음날부터 바쁜 일들을 하지 않고 집에만 있어도 된다는 생각을 하니 마치 긴 휴가를 받은 것처럼 마음이 가볍고 설레었을 것 같았는데 실은 그 반대였다. 이른 아침부터 눈이 떠지고, 성경을 펴고 앉아 기도하다가 말씀을 읽고, 다시 기도하고를 반복하는 날이 이어졌다. 바쁘지 않을 뿐이지 삶은 더 치열해지고 있었다.

마치 광야로 들어선 순례자가 본능적으로 느끼는 긴장감

같은 것이었다. 메마르고 뜨거운 대지에서 올라오는 생명에 대한 위기감이 오히려 사람을 살게 하는 곳이 광야다. 이후에도 여러 번 이스라엘에 가서 광야에 들어가고, 또 그 곳에서 유숙하기도 하면서 광야의 영성을 감각적으로 익히게 되었는데 갈 때마다 광야에서 배우는 것이 많았다.

유대인들은 광야를 일컬어 '하나님과의 허니문 장소'라고 이야기한다. 물도 전기도 사람도 경작할 땅도 없는 그 결핍의 장소가 오히려 하나님만 더 깊이 만나는 장소가 되고, 특별히 '말씀으로 먹고사는 법'을 배우는 곳이다. 히브리어로 광야를 '미드바르'라고 하는데, 토라(모세오경)의 '민수기'가 '광야에서'(바미드바르)라는 제목을 갖고 있다. 성령이 우리에게 오셔서 가장 먼저 데려가시는 곳이 바로 광야다. 예수께서도 요단강에서 세례를 받으시고 성령이 비둘기같이 임하셔서 곧바로 광야로 이끌리셨다.

성령이 곧 예수를 광야로 몰아내신지라 _마가복음 1:12

나는 성령께서 그 광야로 지금 나를 데리고 가시는 것을 확실히 느끼고 있었다. 광야에서는 먼저 "나를 낮추신다." 그래야 하늘에서 내려오는 은혜의 흐름을 맞이할 수 있기 때문이다. 물은 높은 곳에서 낮은 곳으로 흐르기 마련인데, 내가 높고 내 뜻과 내 계획이 우선이면 하나님의 은혜가 흘러들어 올 수 없음은 당연한 이치이다.

나는 현실을 자각하기 시작했다. "나는 일자리를 잃은 중년 가장이다." 이것이 나를 가장 객관적으로 나타낼 수 있는 말이었다. 생계가 달린 위기는 현실적인 방법을 구하기보다 오히려 하나님께 더 매달리는 동력이 되었다. 나는 말씀으로 먹고사는 법을 배우고 싶었다. 대단한 성경 교사나 설교자가 되겠다는 뜻이 아니라 다른 게 없어도 '하나님의 말씀'만으로 배부르고 만족한 삶을 꿈꾸었다는 것이다. 이것이야말로 성령께서 그토록 긴박하게 우리를 광야로 몰아가시는 이유다.

네 하나님 여호와께서 이 사십 년 동안에 네게 광야 길을 걷게 하신 것을 기억하라 이는 너를 낮추시며 너를 시험하사 네 마음이 어떠한지 그 명령을 지키는지 지키지 않는지 알려 하심이라 너를 낮추시며 너를 주리게 하시며 또 너도 알지 못하며 네 조상들도 알지 못하던 만나를 네게 먹이신 것은 사람이 떡으로만 사는 것이 아니요 여호와의 입에서 나오는 모든 말씀으로 사는 줄을 네가 알게 하려 하심이니라 _신명기 8:2-3

우리는 원래 말씀을 먹고살 수 있는 존재들이었다. 말씀이 우리의 밥인 것이다. 그러나 다른 양식을 먹고 헛배가 불러 말씀을 먹지 못하는 악순환이 일어나고, 그리스도의 몸인 교회가 초라해지거나 아니면 비만증에 시달리게 된 것이다.

광야에서 가장 풍요롭게 누리는 것은 '결핍'이다. 풍요의 시대에 우리가 잃어버린 것은 바로 부족함이다. 그래서 광야로 이끄시는 것이다. 그날그날 말씀의 만나로만 살아갈 수 있는 법을 익혀야 마지막 때를 살아갈 수 있다. 우리를 바쁘고 분주하게 만들어 다른 음식들을 잔뜩 먹이려 하는 세상으로부터 우리는 광야로 피해 양육을 받아야 한다.

교회를 사임하고 집 안방에 앉아 계속 말씀을 먹는 훈련을 하다보니 왜 말씀이 꿀송이처럼 달다고 하는지를 알 것 같았다. 세례 요한이 광야에서 석청을 먹었던 것처럼 나도 이전엔 딱딱한 돌덩어리처럼 지나쳤던 말씀에서 꿀송이를 발견하는 기쁨을 알게 되었다. 이것은 다른 취미나 중독으로는 도달할 수 없는 쾌감이자 희열이다. 나는 휴대폰도 꺼놓고 매일 그렇게 나를 이끄신 광야에서 말씀과 기도를 하며 놀았다. 어떤 게임이나 스포츠 경기보다 재미있는 시간들이었다.

한 달의 시간이 지났을 때 나는 처음으로 집 밖에 나왔다. 시외버스를 타고 적어둔 주소를 찾아 태백 터미널에서 한참을 기다려 예수원으로 가는 버스를 탔다. 차도 휴대폰도 없이 목적지로 가는 법을 다시 배워가며 도착한 예수원은 신학생이었던 시절, 가끔 영적인 충전과 안식을 위해 찾았던 곳이다. 그곳에서 침묵하고, 더 깊은 기도 가운데로 들어가 주님의 이끄심을 구했다.

의외로 예수원에서는 아무런 임재의 감동이 없어서 마음이 불안했다. 믿음의 여정 가운데 우리가 배우고 느껴야 하는 것은 주님의 임재만이 아니다. 오히려 주님의 부재(不在)를 배워야 한다. 그분이 계시지 않는 것 같은 불안함과 아무 감동도 일어나지 않는 그 상태도 역시 하나님이 허락하시고 요구하시는 시험이다. 예수께서도 그 부재의 절정을 경험하셨다.

> 제구시에 예수께서 크게 소리 지르시되 엘리 엘리 라마 사박다니 하시니 이를 번역하면 나의 하나님, 나의 하나님 어찌하여 나를 버리셨나이까 하는 뜻이라 _마가복음 15:34

임재의 감동 가운데에도, 부재의 공허 가운데도 주님을 의지하고 신뢰하는 법을 배우는 것이 광야에서 우리가 익혀야 할 또 하나의 과제다. 내게 느껴지지 않는 하나님의 숨결에도 이유가 있겠지만, 나는 그곳에서 약간의 외로움을 느꼈다. 홀로 잠잠히 있는 것을 좋아하지만 고아같이 혼자인 것 같은 외로움은 실로 오랜만에 느껴보는 감정이었다.

많은 사람들과 여러 일들, 가족과 같이 가까운 사람부터 그저 어디에서든 지나쳐가는 수많은 사람들, 사람들. 거기서 잃어버렸던 '홀로'라는 감정과 그 외로움 속에서 하나님을 친구와 같이 만날 수 있으면 좋겠다는 갈망이 되살아났다. 나는 하나님께 사역이나 어떤 일에 대한 미션을 받을 줄 알았는데, 하나님은 오히려 나 자신을 원하시고 있다는 걸 알게 되었다. 하나님은 일을 맡기려고 기능적으로 나를 찾으신 것이 아니었다. 다만 나를 원하시고, 나도 그분의 손의 도우심보다는 얼굴의 임재를 구하는 관계를 원하고 계셨다.

그래서 나는 그 부재의 시간 속에서 얼굴과 얼굴을 대면하여 보는 가장 가까운 관계의 친밀함을 꿈꾸었다. 늦가을 태백 삼수봉의 바람 속 압도적인 별빛 아래 앉아 다시 주님의 숨결을 느끼고 싶었지만 그냥 별빛만 찬란할 뿐이었다. 기도원에서의 마지막 날까지 큰 감동이나 선명한 주님의 음성 같은 것을 받지 못했다. 뭔가 받을 줄 알고 떠난 여정의 끝이 이렇게 마무리되리라고 기대하지 않았지만, 나는 그것도 하나님의 응답이라면 받아들이고 싶었다.

퇴실하기 위해 짐을 싼 뒤 책꽂이 앞 탁자에서 차를 한 잔 마시며 앉아 있는데 기쁨과 함께 성령이 임하셨다. 나는 수첩을 펴서 그분의 음성을 마치 받아쓰기하듯이 적었다. 주님은 친밀한 관계 안에서 당신이 가장 소중히 생각하시는 사람들과 일을 함께해 나가자는 음성을 들려주셨다.

부활하신 예수께서 갈릴리에 낙향하여 버렸던 그물을 다시 집어들고 허망한 물질을 하고 있던 베드로에게 오셔서 이렇게 말씀하셨다.

또 두 번째 이르시되 요한의 아들 시몬아 네가 나를 사랑하느냐 하시니 이르되 주님 그러하나이다 내가 주님을 사랑하는 줄 주님께서 아시나이다 이르시되 내 양을 치라 하시고 세 번째 이르시되 요한의 아들 시몬아 네가 나를 사랑하느냐 하시니 주께서 세 번째 네가 나를 사랑하느냐 하시므로 베드로가 근심하여 이르되 주님 모든 것을 아시오매 내가 주님을 사랑하는 줄을 주님께서 아시나이다 예수께서 이르시되 내 양을 먹이라 _요한복음 21:16-17

사역의 위임은 사랑하는 신부에게 주시는 예물 반지와 같은 것이다. 베드로의 사랑 고백에 대한 주님의 대답은 "내 양을 먹이라"는 것이었다. 나는 그날 수첩에 적었던 깨알 같은 글씨들을 아직도 가끔 꺼내어 본다. 그것은 사랑의 고백 같은 것이었다.

수첩에는 '한새사람교회'라는 글자가 적혀 있었다.

한새사람교회

하나님은 분명히 '한새사람교회'를 세우라고 하셨다. 막연히
생각했던 이스라엘을 향한 하나님의 마음만이 아니라, 세대
와 세대가 중간에 막힌 담을 허물고 서로에게로 마음을 돌이
키며, 일본과 한국이, 북한과 남한이 원수 되었던 것을 돌이키
는 한 새사람을 이루어갈 교회를 시작하시겠다고 했다. 전 세
계의 몸 된 교회가 변화되기 위해서는 세포와 같은 마이크로
단위의 가정 교회 공동체가 새롭게 살아나야 한다는 메시지를
정신없이 받아적었다.

　이것은 내가 원래 갖고 있던 생각이나 목회 철학도 아니었
다. 다만 하나님이 원하시고 꿈꾸시는 무언가를 내게 말씀하
고 계신 것이었다. 말씀의 씨앗을 받아 생명을 잉태할 수정체
모양의 교회 로고까지 보여주셨다. 새로운 교회를 함께 세우
고자 하시는 주님의 그 두근거리는 마음이 내게 전해졌고 나

의 심장도 두근거리기 시작했다.

가득 받아 적은 수첩을 가지고 기도원 밖으로 나와보니 눈앞에 추수를 마친 논밭의 전경이 펼쳐져 있었다. 마치 한국 교회가 한 시대를 기경하여 추수를 마친 상태라는 것을 보여주시는 것 같았다. 탈곡을 마친 볏단을 묶어 뉘어놓은 모습은 죽음과 끝을 말하고 있지 않았다. 새로운 씨 뿌림과 기경을 위하여 치열한 준비를 하고 있었다. 그 장면을 손 가는 대로 스케치해서 집으로 돌아왔다.

그런데 최근 어떤 국전(國展) 작가의 그림이 있는데 교회에 기증하고 싶다는 한 성도분의 연락을 받았다. 사이즈가 너무 커서 우리 교회에 어디 걸 데가 있을까 싶어 거절하려다가 나는 깜짝 놀라고 말았다. 11년 전 기도원에서 보았던 장면을 그린 스케치와 정확히 일치하는 그림이었기 때문이다. 하나님이 보여주셨던 바로 그 장면, 추수를 마친 논밭의 황량함 위로 따스한 빛이 쏟아지고 있는 전경이었다.

많은 사람들이 교회의 무용론을 이야기하고, 한국 교회의 문제점들을 말할 때 하나님은 새로운 교회를 꿈꾸고 계셨다. 하나님은 문제보다 크신 분이시기 때문에 우리가 할 수 있는 문제에 대한 자각과 비판을 넘어서는 해법을 주신다. 그리스도의 몸 된 교회는 예수를 머리로 붙들 때 주님의 길을 따라가게 되는데, 몸이 머리를 이끌지 않고 머리가 몸을 이끌 때 가게 되는 곳이 바로 십자가의 외롭고 좁은 길이다.

기도원에서 집으로 돌아오니 아내가 내 얼굴을 보고 적잖이 놀란 기색이다. 나중에 들어보니 그렇게 환하고 밝은 얼굴을 처음 보았다는 것이다. 모세가 산에서 내려왔을 때 빛에 물든 얼굴을 수건으로 가릴 정도는 아니었겠지만, 나의 얼굴을 빛으로 물들일 만큼의 은혜가 비춰졌다.

아내에게 '한새사람교회'에 대해 받은 비전을 나누었을 때, 일반적인 개척교회도 어려운데 그것보다 더 좁은 이스라엘의 회복과 한 새사람의 길을 우리가 끝까지 갈 수 있을지에 대해 걱정했다. 이런 교회가 가능하겠느냐는 것이다. 일단 교회 성장을 하나님나라의 확장으로 여겨왔던 생각에서 가장 작은 단위의 마이크로처치(Microchurch)를 세우겠다는 것도 그렇고, 이스라엘의 회복이 자칫 세간의 이상하고 의심스러운 시선으로 여겨지지 않겠냐는 내용이었다.

실은 나도 그런 생각을 가지고 내심 눌러왔던 두려움이 있었기 때문에 무시할 수 없었다. 그래서 함께 기도해보자고 하고는 방에 엎드려 기도하기 시작했다. 하나님은 금방 응답을 주셨는데, 일단 모여서 계속 예배를 드리라는 것이었다. 그때부터 하루 세 번씩 매일 예배를 드렸다. 새벽, 정오, 저녁에 매일 모여서 예배를 드리다보면 마치 깊은 곳에서 샘을 길어 올리는 때가 올 것인데, 그때에 목마른 심령들이 반드시 그 물을 찾아 모일 것이라고 하셨다.

매일 세 번의 예배

개척 후 몇 개월은 가정에서 예배를 드렸다. 언약궤를 메고 여섯 걸음을 옮긴 다음 일곱 번째에 예배를 드렸던 레위인들처럼 우리는 매일 예배를 드렸다. 새벽에는 모세오경을 일 년 단위로 공동체가 함께 읽고 공부하는 토라 포션을, 정오에는 예언서를, 저녁에는 신약의 본문을 나누며 함께 예배를 드렸다. 그때 시작한 동역자들이 예닐곱 명이었는데 우리는 용사와 같이 계속 예배만 드렸다. 예배(worship)에서 우리의 가치(worth)가 재정렬(shiping)되는 일이 일어났다. 하나님을 높이고 주님의 나라에 가치를 올려보내는 일이 모든 사역의 가장 근본임은 틀림없다.

소수의 모임과 예배였지만 정말 어떻게 알고 찾아왔는지 모를 주님의 사람들이 하나둘씩 모여들었다. 따로 나가 전도를 하거나, 아니면 집회나 프로그램을 열지 않았는데도 그 매일 드리는 예배가 조금씩 길을 만들고 있다는 것이 느껴졌다. 그러다가 아파트에서는 매일 새벽예배와 크게 찬양을 하기 어려웠기 때문에 무작정 돌아다니며 예배실을 찾았다. 하나님이 어딘가 정하신 곳이 있다면 찾게 해달라고 기도하며 찾아다니다가 판교의 어느 비어 있는 예배당 앞에 멈춰 섰다. 그 앞에서 기도하는데 굉장히 큰 감동이 느껴졌다. 조용한 건물이었고 주변도 한적해서 좋았다. 하지만 그것은 교회가 성장하기에 부족한 입지라는 것도 되었다. 창문에 붙은 연락처로 전화를 해보니 우리는 교회 보증금을 마련하고 월세를 낼 만한 능력이 안 되었다.

그런데 그때부터 여기저기서 헌금이 들어왔다. 개인적으로 잘 모르는 분들까지 하나님이 주시는 거라며 작은 개척교회를 위해 헌금해주셨다. 아내의 퇴직금을 합치고 마지막까지 모자란 금액도 기적적으로 채워져 보증금을 마련하고 입당 감사예배를 드렸다. 열 명이 채 안 되는 성도들과 함께 처음 예배를 드린 날은 우연찮게도 오순절이었다. 한국 교회에서는 지키지 않는 여호와의 절기 중 하나인 오순절, 바로 그 날에 처음 들어간 예배당에서 밤새 찬양과 기도를 하며 예배드릴 때 하나님께서 크게 기뻐하시는 것을 느낄 수 있었다.

그 후 우리는 일 년에 한 번씩은 이스라엘로 들어가 광야에서, 그리고 예수의 이름이 메말라버린 그 땅 전역에서 예배를 드렸다. 놀랍게도 매해 예배를 드리며 땅의 변화를 위해 기도하는 과정 가운데, 그곳의 문이 점점 열리고 있다는 것을 체감할 수 있었다. 실제로 몇몇 유대인들은 우리의 예배를 옆에서 지켜보다가 신발을 벗고 서서 함께 예배를 드리는 일도 있었고, 어떤 유대인들은 예배 후에 조용히 찾아와 자신이 예슈아를 믿는 메시아닉 유대인임을 밝히곤 한다.

그 변화 가운데 한국 교회와 성도들의 변화도 크게 느껴지는데, 많은 분들이 이스라엘을 품고 기도하고 계시며 각 교회와 사역자들도 이스라엘을 향한 마음을 받았다고 말씀하시는 분들을 곳곳에서 만나 뵙곤 한다. 마치 불모지였던 광야에 연하게 초록색 새싹이 돋고 있는 것 같다.

광야와 메마른 땅이 기뻐하며 사막이 백합화같이 피어 즐거워하며 무성하게 피어 기쁜 노래로 즐거워하며 레바논의 영광과 갈멜과 사론의 아름다움을 얻을 것이라 그것들이 여호와의 영광 곧 우리 하나님의 아름다움을 보리로다 _이사야 35:1-2

원숭이 엉덩이는 **빨개**

서점에서 이어령 유고집 《작별》이라는 책을 집어 들었다. 당대의 천재이자 석학인 이어령 박사는 어떤 마지막 말을 남겼을까 궁금해졌기 때문이다. 내용은 '원숭이 엉덩이는 빨개'로 시작하는 구전 노래에 대한 것이었다. 떠나면서 유언처럼 남기는 말이 '원숭이 엉덩이'라니, 이런 게 대가의 달관일까 생각하며 책의 내용을 보는데, 우리에게 '원숭이'는 자신과 다른 타인, 즉 자신과 비교가 되는 외국인이라고 할 수 있는 존재라는 것이다. 서구 문물이 들어와 우리의 무기며 우리의 문화가 그들의 것보다 열등하다고 느낄 때 오히려 그것을 비하하며 우습게 여기는 미묘한 감정이 투영된 게 바로 '원숭이 엉덩이는 빨개'라는 거였다.

　우리와 별로 접촉점이 없었던 유대인들은 동서 유럽인들에게 마치 원숭이 같은 취급을 받아왔는데, 그 이유는 유대인들이 어느 나라에 들어가든 자신과 비교했을 때 그들이 똑똑하고 그 자녀들은 학교에서 성적도 더 좋았기 때문이다. 그 능력으로 사회적 성취를 이루고 점점 부를 쌓아가는 '그 원숭이들'을 보며 속 끓이던 사람들은 결국 폭발하게 되고, 유대인을 향한 핍박, 추방, 학살 같은 행동으로 이어지게 된다.

거슬러 올라가보면 이것은 창세기의 가인과 아벨 사건에 도달하게 된다. 형 가인이 그토록 노력하고 오랜 시간을 들여서 얻은 농사의 열매를 하나님께 드렸을 때, 하나님은 양 한 마리를 드린 아벨의 제사를 받으셨다. 여기에 분노한 가인이 아벨을 쳐죽이는 이야기는 '그게 속상하기는 해도 사람까지 죽일 일이냐'고 생각했던 우리의 상식을 넘어선다.

그러면 어떻게 이 형제 살해의 저주를 끊을 수 있을까? 간과 쓸개를 다 내놓고 무조건 가장 낮은 모습으로 조아리는 것이다. 형제 사랑이라는 것은 비교의 굴레에서 벗어난 자유자만이 할 수 있는 것이다. 야곱과 에서의 이야기에서 열등감이나 오랫동안 부당하게 당해왔다고 생각하는 피해의식을 가졌던 쪽은 에서였다. 그러나 야곱은 자존심을 내려놓고 자신의 쌍둥이 형에게 "주여!"라고 외치며 엎드렸다. 야곱이 긴긴 여행 끝에 찾아내야 했던 것은 바로 자신의 형제보다 더 낮아져서 엎드리는 바로 그 곳이었을지 모른다.

…내가 형님의 얼굴을 뵈온즉 하나님의 얼굴을 본 것 같사오며 형님도 나를 기뻐하심이니이다 _창세기 33:10

실제적으로 이스라엘과 이방 교회의 연합이 이루어지는 자리에서 자존심과 관련된 여러 잡음들이 들리기도 한다. '좋은 마음으로 연합하고자 했는데 알고 보니 정말 거만하더라'와 같이 자신이 조금이라도 무시당하고 낮아지는 것을 견디지 못하는 것은 내가 하나님 되려는 생각이 아직 남아 있기 때문이다. 야곱의 환도뼈와 같은 내 자존심을 내려놓을 수 있어야 연합이 이루어질 수 있다.

유럽 등 해외로 진출한 운동선수들이 '원숭이'라는 인종 차별성 야유에 시달리는 것은, 서구 사회에서 갖고 있던 동양인에 대한 신체 능력 차이에 대한 우월의식에 상처가 났기 때문이다. 나는 이 문제가 실제로 연합의 중요한 지점에서 장애가 되는 것을 몇 번 목격한 적이 있다. 아주 오랫동안 서로를 원숭이 취급하게 했던 대적의 주술이 여기에 아직도 걸려 있는 것 같았다.

이것에 관해서 이미 예수께서 지혜로운 전략을 우리에게 알려주셨다. 바로 선제적으로 낮아지는 것이다. 남들에게 무시당하면 기분이 아주 안 좋지만, 내가 일부러 먼저 낮은 곳에 내려가면 오히려 큰 승리감마저 느낄 수 있다. 게임의 룰이 달라지기 때문이다. 내가 더 낮은 곳에 있다는 게 승리가 되는 게임으로 판이 바뀌는 것이다. 그러나 대적의 룰은 반대로 내가 남보다 더 위에 올라가야 이기는 게임이다.

유대인들과의 연합은 물론이고 부부의 연합이나 자녀와의 관계에 있어서도 내가 낮아지고 져주고 심지어 무시당하는 것에 대해 언제나 반걸음 앞서서 내려가 있으면 큰 연합의 승리를 얻을 수가 있다.

> 청함을 받았을 때에 차라리 가서 끝자리에 앉으라 그러면 너를 청한 자가 와서 너더러 벗이여 올라 앉으라 하리니 그 때에야 함께 앉은 모든 사람 앞에서 영광이 있으리라 무릇 자기를 높이는 자는 낮아지고 자기를 낮추는 자는 높아지리라 _누가복음 14:10-11

나의 존귀함은 '원숭이'보다 우월하다는 것을 통해 얻어지는 것이 아니다. 그것은 오직 나를 존귀하게 창조하시고 천지를 지으시기 전부터 계획하신 하나님의 마음을 아는 것을 통해서 확보되는 것이다. '한 새사람'은 타인과의 비교를 통해 자신의 위치를 규정 짓는 세상의 법칙에서 빠져나오는 것이다. 그것은 바로가 만들고 싶어 하는 피라미드 구조의 세상이다. 우리는 그 비교의 애굽에서 탈출해야 한다. 교회는 피라미드의 계급 구조가 아닌, 하나하나의 지체를 모두 소중하게 여기는 '몸의 구조'라는 것을 성경은 말하고 있다.

그뿐 아니라 더 약하게 보이는 몸의 지체가 도리어 요긴하고 우리가 몸의 덜 귀히 여기는 그것들을 더욱 귀한 것들로 입혀 주며 우리의 아름답지 못한 지체는 더욱 아름다운 것을 얻느니라 그런즉 우리의 아름다운 지체는 그럴 필요가 없느니라 오직 하나님이 몸을 고르게 하여 부족한 지체에게 귀중함을 더하사 몸 가운데서 분쟁이 없고 오직 여러 지체가 서로 같이 돌보게 하셨느니라 _고린도전서 12:22-25

몸의 지체가 서로에게 우월하고 열등하고가 어디 있겠는가? 유대인과 이방인이 서로에게 얼마나 절실하게 필요한지 깨닫게 될 때 한 새사람을 이루게 되는 것이다.

몇 년 전 유대인 청년들 열댓 명이 한국에 들어와 함께 예배도 드리고 전도도 하는 귀한 연합의 사역을 섬긴 적이 있다. 우리 교회가 호스팅을 맡아 그 팀을 섬기기로 했는데, 그 팀이 머물고 있는 서울의 숙소에 교회 승합차를 몰고 가서 그들을 용인에 있는 우리 교회로 데리고 왔다. 나는 직접 가서 열심히 짐을 나르고 차에 차곡차곡 실어서 교회로 와 다시 짐을 풀었다. 이후 저녁에 우리 교회에서 유월절 예배를 은혜 가운데 마치고 났을 때 유대인 팀의 한 청년이 내게 와서 말을 건넸다.

"난 당신이 그냥 운전하는 청년인 줄 알았는데 이 교회 목사님이었네요?"

"예, 그런 말을 자주 들어요. 하하."

그는 한국에 머무는 내내 나를 만나면 어디서 배웠는지 "목사님!"이라고 부르며 허리를 굽혀 인사했다. 나도 그에게 허리를 굽혀 인사하며 반가워하니 곁에 있던 다른 유대인 청년들이 재미있어했다. 언제든 먼저 낮아지고 늘 짐꾼 청년처럼 사역하기를 원하는 이유는 여러 가지다. 그중에 목회자의 불필요한 권위에 대한 주장이 여러 문제를 빚는가 하면 그것을 넘어 연합에 큰 장애물이 되는 것을 몇 번이나 목격했기 때문이다. 자신을 죽이려고 달려온 형 에서에게서 주님의 얼굴을 볼 수 있는 능력을 간절히 구한다.

교회가 당회나 제직회 같은 조직 대신 이심전심의 교통함이 그 역할을 할 수 있는 몸의 연합을 이룰 수 있기를 바랐다. 물론 조직적이고 효과적으로 큰일을 하거나 규모를 키우는 것이 목적이라면 모든 게 비계획과 기도로 움직인다는 것이 답답하고 뭔가 잘 돌아가지 않는 것처럼 보일 수도 있을 것이다. 그러나 교회는 그렇게 움직이는 생물(生物)이어야 한다. 여기에 가장 중요한 역할은 성령님께 달려 있다. 성령께서 마음을 연결해주시고, 실제적인 힘을 주서서 교회를 움직이시고, 하나님이 뜻하신 곳을 향해 나아가게 하시기 때문이다.

> 영이 어떤 쪽으로 가면 생물들도 영이 가려 하는 곳으로 가고 바퀴들도 그 곁에서 들리니 이는 생물의 영이 그 바퀴들 가운데에 있음이니라 그들이 가면 이들도 가고 그들이 서면 이들도 서고 그들이 땅에서 들릴 때에는 이들도 그 곁에서 들리니 이는 생물의 영이 그 바퀴들 가운데에 있음이더라 _에스겔 1:20-21

에스겔이 보았던 교회에 관한 환상은 생물과 무생물인 바퀴에 성령께서 그 안에서 역사하심으로 움직이는 것이었다. 조직과 사람들, 그리고 거대한 역사적인 발걸음과 같은 모든 일들이 성령이 그 안에 거하심으로 가능하다는 것이다.

교회에서 절기를 준비하여 예배를 드리고 크고 작은 행사들을 할 때에도 성도들이 자발적으로 알아서 여러 일들을 맡아 섬기며 유기적으로 진행되는 것에 매번 놀란다. 조직과 통제가 아니라 유기적인 연결과 자유함 안에 세워지는 질서가 실제로 가능하다는 것을 경험으로 알게 된 것이다.

아둘람 공동체

한새사람교회로 모여 연합하게 된 성도들의 스토리는 마치 다윗의 아둘람 공동체 같았다. 다윗이 광야로 피신하였을 때 '환난당한 모든 자와 빚진 모든 자와 마음이 원통한 자'가 모여들었다(삼상 22:2).

'환난당한 모든 자'는 삶의 고난을 의미하기도 하지만, 좀 더 구체적으로 히브리어를 살펴보면 '마초크'(מצוק)라고 해서 "좁은 길로 몰린 자"를 말한다. 고난이 우리를 이 좁은 길에 다다르게 하신다는 것이다.

한새사람교회로 들어온 성도들의 삶을 통해서 사업에 실패한 가장, 실직한 중년, 가족을 잃은 고통을 통해 이스라엘을 잃은 주님의 마음을 깨닫게 된 사연들을 듣는다. 환난은 그것을 겪는 당사자에게는 고통이지만, 그 환난이 우리를 그 좁은 길로 이끈다. 또한 우리는 이스라엘을 통해 우리보다 더한 고난의 동지들을 만난다. 그것은 환난에 그치는 이야기가 아니라 더 큰 그림을 그리신 주님의 섭리임을 함께 발견하게 되는 것이다.

> 고난당한 것이 내게 유익이라 이로 말미암아 내가 주의 율례들을 배우게 되었나이다 _시편 119:71

다음으로 '빚진 자'가 모여들었는데, 이것은 재정적인 채무를 의미하는 것이기도 하겠지만, 우리가 받고 누리는 모든 은혜가 어디에서부터 온 것인지를 아는 것과 연결된다.

우리 집안도 그렇고 대부분 유교나 미신 등에 사로잡혀서 제삿날이나 챙겼던 지난날의 신앙에서 우리가 어떻게 하나님을 알고 믿게 되었으며 말씀이신 예수 그리스도를 만나게 되었는가? 복음을 들고 이방인들에게로 향했던 사도들의 헌신과 순교의 피로 말미암은 것이고, 그들은 대부분 유대인들이었다. 예수도 유대인이고, 바울도 유대인이고, 베드로도 유대인이다. 우리는 그들의 헌신에 빚진 자인 것이다. 또한 토마스 선교사나 아펜젤러 같은 위대한 선교사들의 순종과 피의 대가로 지금의 우리가 있다는 것에 대한 '빚진 자'의 마음을 회복하는 것이 한 새사람의 사명이다.

헬라인이나 야만인이나 지혜 있는 자나 어리석은 자에게 다 내
가 빚진 자라 _로마서 1:14

그렇게 진 빚을 우리가 어떻게 갚을 수 있을까? 바울은 이
렇게 답한다. "…만일 이방인들이 그들의 영적인 것을 나눠
가졌으면 육적인 것으로 그들을 섬기는 것이 마땅하니라"(롬
15:27). 우리는 이렇게 진 빚을 충실히 갚아야 한다. 그 자세
가 중요하다. 그래서 한새사람교회에서는 유대인들의 어려움
에 대해 어떻게든 재정적으로 도우려고 애를 쓴다. 나부터 먼
저 풍족하게 누리고 그다음 남은 것으로 돕는 것은 자선이나
구제의 자세는 되겠지만, 빚을 갚는 것은 자신의 필요를 다
채우는 것보다 더 우선되어야 한다.

마지막으로 '마음이 원통한 자'들이 모이는데, 이것은 마음
의 아픔이 사랑과 연결된 상태를 말한다. 예수께서 말씀하신
바로 그 '애통한 사람'이다. 이스라엘을 생각할 때 창자가 끊
어질 것 같은 애통을 느끼시는 주님의 마음과 연결되어 그들
을 향한 깊은 아픔을 같이 느끼는 것이 원뉴맨의 연결이다. 서
로 마음을 같이하며 우는 자들과 함께 우는 것(롬 12:15)이 성
령이 행하시는 '교통'(코이노니아)이다.

우리 교회에서 이스라엘에 갈 때에는 항상 홀로코스트 기념
관인 '야드 바셈'에 가서 그들의 아픔과 눈물을 채우고 때로는

홀로코스트 생존자들의 요양기관에 찾아가 봉사자들과 함께 돕는 일에 참여하기도 한다.

다윗은 아둘람에 모여든 환난당한 자, 빚진 자, 원통한 자와 함께 광대하신 하나님을 예배했다. 자신들의 억울한 처지에 사로잡히거나 자기연민에 빠지지 않고 더 크고 광대하신 하나님을 바라보며 예배하기 시작하자 온 세계 위에 계신 주님께 집중할 수 있었다.

> 하나님이여 주는 하늘 위에 높이 들리시며 주의 영광이 온 세계 위에 높아지기를 원하나이다 … 주여 내가 만민 중에서 주께 감사하오며 뭇 나라 중에서 주를 찬송하리이다 … 하나님이여 주는 하늘 위에 높이 들리시며 주의 영광이 온 세계 위에 높아지기를 원하나이다 _시편 57:5,9,11

이스라엘에 들어가 아둘람 동굴을 찾아 그곳에서 예배드릴 때 함께 동행했던 탈북 목회자가 있었다. 김성철 목사는 김일성대를 나온 나와 동년배였는데, 아둘람의 예배 처소에서 깊은 애통함을 느끼고 오랜 시간 절규에 가까운 통곡의 기도를 드리는 것을 곁에서 지켜보았다. 아둘람 그 컴컴한 동굴 속에서 예배했던 사람들과 북한의 지하교회 성도들이 생각나서 기도하기 시작했는데, 시공간을 초월한 성령님의 역사로 그들의 마음과 연결되어서 자리를 떠나지 못하고 엎드렸다고 했다.

컴컴한 동굴 속에서 온 세계와 만민 중에 계신 하나님의 영광을 보았던 아둘람의 예배와 기도가 그날 다시 그곳에서 드려진 것이다. 아직도 그 때 그 컴컴한 동굴 입구 쪽에서 비추어진 밝은 빛줄기와 북에서 온 목회자와 한참을 머물렀던 아둘람이 잊히지 않는다. 다윗이 그 굴에서 보았던 "주여 내가 만민 중에서…"의 찬송이 그날 땅끝의 또 다른 어둠 속에서 빛을 따라 들어온 예배자들을 통해 이루어지는 것을 보았다. 성경의 모든 언약과 이야기는 현재 우리의 세상과 직접적으로 연결되어 있다.

번영과 번성이 목적이 되고 세상적인 성공담이 간증의 피날레가 되는 교회에서 반유대주의가 자라난다. 그래서 하나님께서 우리 몸에 대어주신 십자가의 고난, 광야의 결핍과 빚진 자의 심정으로 늘 그 은혜를 갚는 삶을 살기 원하는 아둘람과 공동체가 필요하다. 이것이 다윗 왕국의 모태가 되었던 것처럼 앞으로 시작될 하나님나라의 모태와 같은 역할을 하게 될 것이다.

한국 교회는 양적 성장을 통해 응축된 은혜를 선교 한국이라는 사명으로 가지고 나아갔던 저력이 있다. 이제 이 분열과 혐오의 시대에 주신 그다음 단계의 사명인 '한 새사람'을 향해 나아갈 때가 된 것이다. 그런데 이번에는 위로부터 시작되어

주도되지 않고, 지극히 작은 자들의 심령에 부어져 아래에서부터 이루어지고 있다.

성도들에게 먼저 부어지는 이스라엘의 회복과 원뉴맨에 대한 마음이 목회자들과 신학자들에게로 전달되고 그들이 움직이게 되는 데에는 시간이 좀 더 필요할 것이다. 지켜야 할 것, 유지해야 할 직분이나 일들이 많을 때 지도자들은 백성을 인도하지 못하게 된다. 그러나 하나님은 제사장들이 제 역할을 하지 못할 때는 직분과 혈통을 초월한 일반인들이 자발적으로 뜻을 정하고 자신을 구별하여 하나님께 산 제사를 드리는 나실인들을 통해 회복을 이루심을 보게 된다.

한 새사람 사역을 하면서 교회와 이스라엘에서 만난 성도들과 사역자들은 정말 귀한 사명의 부르심을 최고의 헌신으로 드리고 있었다. 그들 한 분 한 분의 삶과 인도하신 이야기를 듣는 것이 내게는 늘 큰 기쁨과 도전이다. 하나님께서는 혼자 남아 외롭다고 느끼며 지쳐 쓰러진 엘리야에게 바알에게 무릎 꿇지 않은 칠천 명을 동역자로 남겨놓으셨다고 말씀하셨다.

그에게 하신 대답이 무엇이냐 내가 나를 위하여 바알에게 무릎을 꿇지 아니한 사람 칠천 명을 남겨 두었다 하셨으니 그런즉 이와 같이 지금도 은혜로 택하심을 따라 남은 자가 있느니라 _로마서 11:4-5

나만 남은 게 아닌 것이다. 하나님은 지금도 남은 자들을 동역자로 예비하셔서 바알에게 무릎 꿇게 하는 세상을 향해 맞서게 하시는 것을 경험하고 있다. 그래서 한 새사람 사역은 혼자 고립되어 해서는 안 되고 함께 대열을 이루어 서서 우리와 함께한 여호와가 구원하시는 것을 바라보아야 한다(대하 20:17).

10여 년 전 처음 한 새사람의 사명을 받고 교회를 개척하며 사역할 때에는 이스라엘의 회복이나 이런 사명을 받은 사람들이 거의 없어서 정말 엘리야처럼 나만 혼자 된 것 같은 외로움과 두려움을 느꼈다. 그때는 어딜 가나 한 새사람의 사명을 설명할 길이 막막했고, 애써 설명하려고 하면 이상한 길로 빠진 사람 취급을 받는 일이 빈번했다. 그래서 나는 되도록 장신대 출신의 외부 목회자들을 만나는 일이 거의 없어졌고, 교회의 작은 골방에 틀어박혀 토라를 공부하고 예배에 몰두했다. 그러나 외로움은 하나님이 보시기에 선하지 못하다(창 2:18). 그래서 나는 나 외에 먼저 이 부르심에 응답한 분들을 찾아보기로 했다.

광야 자기 곳

판교에서 어려운 시간도 있었지만 어떻게 된 일인지 하나님께서는 한 새사람에 목마른 사람들을 한 사람 두 사람 보내주셨다. 우리는 나가서 전도하기보다는 샘의 근원을 파 내려가듯이 깊은 예배를 계속 드렸다. 광야의 메마른 땅에서 샘을 발견한 나그네처럼 우리 교회를 찾아낸 사람들은 안도와 기쁨을 고백했다. 많은 경우 혼자 이스라엘에 대한 마음을 품고 기존의 교회와 성도들 사이에서 점점 설 자리를 잃어가던 분들이었고, 이렇게 교회에서 다른 동역자들을 만나니 마치 엘리야처럼 바알에게 무릎 꿇지 않은 자들을 드디어 만난 것 같다고 감사해했다.

그에게 하신 대답이 무엇이냐 내가 나를 위하여 바알에게 무릎을 꿇지 아니한 사람 칠천 명을 남겨 두었다 하셨으니 그런즉 이와 같

145

일반적으로 교회는 사람들의 눈에 잘 띄게 하고 많이 알려서 전도하는 것이 주된 사역이다. 하지만 한새사람교회는 감추어지는 것이 하나님의 뜻인 것 같았다. 물의 근원과 같은 곳이기 때문에 많은 사람들이 드나들어 흙탕이 일어나는 것보다 그 소중한 것을 지키기 위해 감추는 것이 필요하다는 생각이었다.

교회가 임대료를 매달 내게 되었을 무렵 하나님은 움직이라는 사인을 주셨다. 그때 여러 경로로 말씀을 주셨는데 건강하게 살아있는 교회는 움직이는 교회여야 한다는 생각을 주셨다. 불기둥과 구름기둥이 먼저 움직이시면 따라가면 된다. 그때 우리가 가야 할 곳은 '광야 자기 곳'이라는 말씀을 주셨다.

그 여자가 큰 독수리의 두 날개를 받아 광야 자기 곳으로 날아가 거기서 그 뱀의 낯을 피하여 한 때와 두 때와 반 때를 양육 받으매 … 땅이 여자를 도와 그 입을 벌려 용의 입에서 토한 강물을 삼키니 _요한계시록 12:14,16

교회가 세상에 삼켜지지 않으려면 용이 토해낸 물을 삼킬 수 있는 땅의 도움을 받아야 한다. 이것이 우리가 광야로 들어가야 할 이유다. 그래서 사명에 집중한 성도들 외에도 많은 사람들이 방문할 수 있는 입지 좋은 판교를 떠나, 아직까지 농사를 짓는 논밭과 좁은 길을 따라 시골 가옥들이 늘어선 곳으로 들어가기로 했다. 그곳은 전원교회를 건축하고 제대로 예배를 드려보지도 못한 채 문을 닫은 예배당이었는데, 들어서는 순간부터 하나님이 오랫동안 이곳에서 예배드릴 예배자들을 기다리셨다는 것을 느꼈다.

차 한 대가 겨우 통과할 수 있는 좁은 길에, 한 시간을 넘게 기다려야 겨우 버스 한 대 만날 수 있는 정류장, 주변은 죄다 논밭에 지나다니는 사람도 찾아보기 어려운 마을이어서 교회의 입지 조건으로는 정말 좋지 않은 모든 조건을 다 갖춘 곳이었다. 당시 부동산 개발 비즈니스를 하던 지인에게 그 곳으로 교회가 이사하려 한다고 했더니, 교회든 장사든 "첫째도 입지, 둘째도 입지, 셋째도 입지가 중요하다"며 만류했다. 각각의 교회가 사명에 따라 여러 장소와 사역을 다양하게 맡아야 하기 때문에 "도시가 좋다, 시골이 좋다"라고 일반화시킬 수는 없을 것이다. 다만 주님이 가라고 하시는 곳이 가장 좋고 적당한 입지가 된다. 중요한 것은 용이 토한 물을 흡수할 수 있는 땅이냐 하는 것인데, 그것은 세상의 이권과 욕망 등이 그대로 빠져나가버리는 구조인지 생각해야 한다.

마을 주민들이라고는 노인 가구 스물 정도인 작은 촌이었는데, 어르신이 뒷짐을 지고 지나가면서 "여긴 교회 안 돼. 허허, 전에도 금방 망하더라니까"라며 걱정인지 저주인지 모를 말을 했다. 그러나 사명에 헌신하는 동역자들과 한 달이 될지, 일 년이 될지 모르지만, 하나님이 허락하시는 때까지 예배를 드릴 수만 있다면 그것으로 만족이었다. 이사야서에 보면 하나님이 어떤 교회를 쓰실 때 잘 갈아서 날이 선 화살촉처럼 만드신 후에 깨끗이 닦아서 화살통에 넣어 감추신다고 했다.

> 내 입을 날카로운 칼같이 만드시고 나를 그의 손 그늘에 숨기시며 나를 갈고 닦은 화살로 만드사 그의 화살통에 감추시고 내게 이르시되 너는 나의 종이요 내 영광을 네 속에 나타낼 이스라엘이라 하셨느니라 _이사야 49:2-3

언젠가 하나님의 때와 시간이 되면 그의 화살통에서 날카로운 화살을 꺼내 세상을 향해 쏘실 것인데, 그 전까지는 감추어진 화살처럼 되길 원하신다는 것이었다. 교회는 그 시간 동안 잘 숨겨지고 말씀과 기도로 갈고닦아질 것이었다.

교회가 찾아오기 어려운 시골로 들어간 후에 하나님은 함께할 동역자들을 더 많이 보내주셨다. 아이들이 마음껏 뛰어놀며 소리 높여 찬양할 수 있는 곳에서 우리는 복된 예배와 말씀을 열어주시는 은혜를 누릴 수 있었다.

'한 새사람'이라는 마지막 퍼즐이 맞춰지자 창세기부터 계시록까지 모든 말씀에 가려 있던 비밀들이 열리기 시작했다. 대단한 계시의 비밀이 아니다. 오랫동안 뻔히 보면서도 가려져 있던 명확한 언약들이 모두 '한 새사람'과 연결되어 있었다. 설교는 늘 쿠팡 새벽배송 기사처럼 하나님이 전달하라는 말씀을 전달하는 기분이다. 무엇을 알고 연구해서 성도들을 가르치는 것이 아니라 정말 하나님이 많이 부어주시는 말씀을 가져와 전하기만 하면 되는 것이기 때문이다. 사람들 앞에서 좋은 설교를 해야겠다는 생각을 갖지 않고, 오늘 이 말씀을 전하라고 하시면 그것을 전달하는 식으로 설교했다.

언젠가 먼 지역에서 교회를 방문하신 어떤 분이 내게 인사하시며 자기는 토라를 공부하는 몇몇 분들과 함께 이것으로 공부하고 있다고 깨알같이 필기가 된 스프링 노트를 보여주었다. 잠시 내용을 살펴보니 꽤 좋고 새로워서 "어, 이거 저도 한 권 구할 수 있나요? 토라 포션 설교하는 데 도움이 많이 될 거 같네요"라고 하자 "아, 이거 목사님이 하신 설교를 노트로 옮겨 적은 거예요!"라고 해서 크게 웃은 적이 있었다. 다시 보니 정말 새롭게 느껴졌다. 그래서 더 명확히 이런 말씀들을 성령님께서 열어주셨다는 것을 알게 되었다.

교회가 한 번도 창립기념예배를 드려본 적이 없는데, 지난 2022년 11월에 11주년 감사예배를 함께 드렸다. 이제 11주년이 되었으니 우리끼리 감추어둔 예배와 한 새사람의 기쁨을 한국 교회와 열방에 전하고 나누어야 할 때가 되었다는 주님의 마음을 성도들과 나누고, 그간 함께 기도하며 도움을 주셨던 분들에게도 나누었다. 이제 11년 동안 화살통에 감추어 두었던 화살을 꺼내어 쏘실 때가 된 것 같았다. 우리가 무엇을 가르치고 이끌 수 있는 능력은 없어도 하나님께서 그동안 한 새사람을 품은 작은 교회에 주신 큰 은혜와 기쁨에 대해 증언할 수 있을 거라는 생각을 했다. 광야는 하나님과 허니문을 누리는 곳이지만 계속 머무는 곳이라기보다는 학교처럼 졸업을 하고 인도하심에 따라 다음 단계로 나아가야 하는 곳이기 때문이다.

십자가를 달지 않겠다고요?!

기독교의 역사는 대부분의 이교도들을 개종시키는 것을 사명이라고 여기며 발전해왔다. 유대인들은 하나님의 선민(選民)이었지만 하도 못되게 굴어서 하나님이 그들을 멸망시키고 버리셨다는 생각을 가지고, 그들을 기독교로 빨리 전향시켜야겠다는 생각을 해왔던 것이다. 그러나 듣던 대로 유대인들은 그리 호락호락하지 않았고, 핍박의 강도를 극한으로 끌어 올려도 변하지 않는 독종들처럼 보였다. 그래서 극단적인 독일의 히틀러도 십자가의 이름으로 그들을 처형하는 것이 하나님의 뜻이라고 선동했는데, 놀랍게도 그 똑똑하고 세계에서 가장 이성적인 지성을 소유한 독일인들이 광기로 물들어 6백만 명이 넘는 사람들을 살육하는 끔찍한 일들도 있었다.

그러나 하나님은 택하신 사람을 한번 써보고 마음에 들지 않으면 갈아치우시는 그런 분이 아니다. 오히려 남편을 버리고 집을 나가 온갖 음행과 문란한 생활을 즐기던 부인을 끝까지 기다리고 찾아 다시 자신의 집으로 돌아오게 하고, 누구의 자식인지도 모르는 사생아들을 자기 자식처럼 품어 사는 분으로 호세아서에 게시되어 있다.

그러므로 보라 내가 그를 타일러 거친 들로 데리고 가서 말로 위로하고 거기서 비로소 그의 포도원을 그에게 주고 아골 골짜기로 소망의 문을 삼아 주리니 그가 거기서 응대하기를 어렸을 때와 애굽 땅에서 올라오던 날과 같이 하리라 여호와께서 이르시되 그 날에 네가 나를 내 남편이라 일컫고 다시는 내 바알이라 일컫지 아니하리라 _호세아 2:14-16

유대인들을 개종시키려 했던 종교개혁가 마틴 루터마저도 그들에 대한 일말의 기대도 거두고, 그들의 탈무드와 토라를 모조리 빼앗아 불태우자고 교회를 부추겼다. 가톨릭에서 자행된 마녀사냥의 대상을 유대인이라는 민족으로 바꾸었던 그는 유대인에 대해 "고삐 풀린, 나쁜 망나니로 이루어진 찌꺼기"라고 지칭하며 노골적으로 경멸하는 글들을 남기기도 했다. 이 전통은 아직도 우리 안에 남아 저주의 뿌리가 되곤 한다.

너를 축복하는 자에게는 내가 복을 내리고 너를 저주하는 자에

게는 내가 저주하리니 땅의 모든 족속이 너로 말미암아 복을 얻을 것이라 하신지라 _창세기 12:3

하나님은 아브라함과 맺으신 언약에서 "너를 저주하는 자에게는 내가 저주하리니"라고 하셨다. 사탄은 교활하게도 이 언약의 힘을 잘 이용한다. 교회가 이스라엘을 저주하는 도구가 됨으로써 그 저주를 뒤집어쓰게 되는 것을 노리고 늘 배후에서 움직여 온 것이다. 십자군전쟁 당시 이스라엘 전역에서 십자가의 이름으로 너무나 많은 살육을 저질러 왔고, 우리가 아는 나치의 상징인 하켄크로이츠도 피의 십자가를 갈고리 모양으로 만든 것이다.

한새사람교회는 예배당이나 교회 안팎에 십자가를 걸지 않았다. 오히려 눈에 띄게 대형 메노라를 LED 간판으로 제작하여 건물 외벽에 걸어놓았다. 그래도 십자가가 기독교의 상징인데 교회의 가장 높은 곳과 예배당의 중심에 십자가를 걸어야 하지 않겠느냐는 의견들도 있었지만, 오히려 십자가를 상징화하는 순간부터 자기 십자가를 어깨에서 내려놓는 결과를 가져오게 되고, 교회가 힘을 잃게 된다는 생각을 버릴 수 없었다.

십자가를 걸지 않으면 이단 취급을 받을 수 있다는 우려도 있었고, 메노라를 그렇게 크게 걸어놓은 교회가 어디 있냐, 여기가 교회지 유대교 회당이냐고 하는 반발도 만만치 않았다. 물론 우리의 신앙이 십자가를 중심으로 하고 그것을 푯대로 삼기에 심벌이 도움을 주기도 한다. 하지만 우리는 한 새사람 교회이기 때문에 유대인들과 이방인들 사이에 중간에 막힌 담을 허무는 것이 사명이다. 그런데 십자가는 마치 우리에게 일본의 욱일기처럼, 눈앞에서 이전의 반유대주의와 증오의 망령을 소환하는 심벌이 되어버린 것이다.

이후에 우리 교회를 찾아온 유대인 형제들에게 들었던 말들 중 대부분은 이제 예수님도 알고 십자가가 구원의 통로가 되었다는 것도 알지만, 마음 깊은 곳에서 느껴지는 살육에 대한 공포와 거부감이 십자가를 볼 때 일어난다는 것이었다. 물론 모든 교회가 십자가를 떼고 메노라를 걸어야 할 필요는 없겠지만, 우리 교회는 실제로 유대인들이 들어와서 함께 예배하고 한 새사람을 이루기를 꿈꾸는 교회이기 때문에 그들의 심령이 여기서 평안한 쉼과 자유를 얻기를 고대하는 마음으로 그렇게 하기로 결정한 것이다.

그렇다면 메노라는 왜 걸어놓았을까? 성경적으로 메노라는 일곱 등잔대로 성소의 불을 밝히는 역할을 했는데, 그것은 그 맞은편에 있는 열두 개의 진설병을 향해 밝히는 역할을 했다.

일곱 등잔, 일곱 금촛대는 스가랴의 환상에서는 두 증인인 감람나무가 기름을 공급하여 성전을 밝히는 새 예루살렘의 빛을 상징했으며, 이것은 율법과 구약의 증인인 이스라엘과 어린양의 보혈과 예수 그리스도의 증인인 이방의 교회가 밝힐 새로운 빛의 역사를 뜻하는 것이다(슥 4장 참조).

요한계시록에서 예수님은 일곱 금촛대 사이에 서 계셨고 그것은 일곱 교회를 상징하는 것이라고 기록되어 있다.

"일곱 촛대(메노라)는 일곱 교회니라." 이쯤 되면 메노라야말로 교회의 상징이라는 것을 알게 된다. 성소의 메노라는 그 건너편의 진설병상을 향해 빛을 비추는데, 진설병은 열두 개의 떡으로 이스라엘 열두 지파의 얼굴을 뜻하는 '레헴 파님'(얼굴의 떡)이라고 부른다. 교회가 복음의 빛으로 이스라엘의 열두 지파를 밝혀주는 이 거룩한 연합이 하나님께서 회복하실 새 예루살렘 성전인 것이다. 그래서 우리 교회에서 예루살렘을 향한 방향의 서쪽 벽에 메노라를 걸고 기도하며 그곳에 주님의 빛이 비추어지길 고대하는 것이다.

또 우리 교회가 자리잡은 곳은 용인 에버랜드로 들어가는 초입인데, 혹시 유대인 관광객들이 멀리서 파란 메노라를 보면 한 번 들어와보려고 하지 않을까 하는 꿈을 꾸며 메노라를 달아놓았다. 몇 년 전 이스라엘의 한 방송국 기자가 메노라가 걸린 교회가 있다는 소식을 듣고 취재를 온 적이 있다. 그 보도가 이스라엘에 소개되고 그 해 가을 이스라엘의 절기인 초막절에 정통 유대인 학교의 교장 격인 랍비 슐로모의 집에 우리 교회 성도들이 초대를 받아 함께 초막절 만찬을 나누는 기쁨을 갖기도 했다. 얼마 전 새가족이 된 한 가정은 출퇴근을 하며 '우리나라에 메노라 공장이 생겼나?' 하는 궁금증이 들어 찾아보고 왔다는 이야기를 하기도 했다.

지나고 보니 메노라를 교회와 한 새사람의 심벌로 걸어둔 것이 사명을 선언하는 것과 같은 중요한 역할을 했다고 느낀다. 십자가는 삶으로, 메노라는 심벌로 세우는 것이 원뉴맨의 사명을 향해 나아가는 우리 교회의 푯대가 되었다.

일식집에서 만난 **첫 유대인**

유대인들이 지키는 토라의 율법이나 절기들에 대해서 예전의 기독교 진영에서는 무조건 폐하여야 할 이단 종교로 여겼었다. 그러나 하나님의 말씀이 폐하여진 것이 아니고 유대교와 기독교가 분리된 것이 아니라는 것이 '메시아닉'이라는 이름의 독특한 교회와 성도들을 출현시킨 배경이다. 이방의 교회는 유대교와 그들이 받아서 목숨을 걸고 지킨 말씀의 뿌리에 함께 연결되어 있다.

제사하는 처음 익은 곡식 가루가 거룩한즉 떡덩이도 그러하고 뿌리가 거룩한즉 가지도 그러하니라 또한 가지 얼마가 꺾이었는데 돌감람나무인 네가 그들 중에 접붙임이 되어 참감람나무 뿌리의 진액을 함께 받는 자가 되었은즉 _로마서 11:16-17

따라서 우리가 유대인들과 율법을 부정하는 것은 나무에서 뿌리를 잘라내는 것과 같은 어리석은 행동이다. 율법과 유대교가 잘못된 것이 아니라, 율법주의와 유대주의가 잘못되었을 뿐임을 알아야 한다.

메시아닉이란 오랫동안 고대하며 기다리고 있는 메시아가 바로 십자가에서 죽으신 예수님이라는 진리를 깨닫게 된 유대인들을 지칭하는 신조어이다. 예수께서 메시아이심을 알게 되는 순간 오랫동안 감추어졌던 비밀이 열리고, 온갖 의문과 허황된 신비의 허물이 벗겨지고, 마침내 유대교와 기독교의 경계가 허물어지고 한 분 그리스도 안에서 서로에게 빚진 자 된 '한 새사람'이 이루어지게 되는 것이다. 유대인들을 마지막 퍼즐의 완성으로 두신 이유는 그들이 먼저 택하심을 받은 백성들로서 온 열방의 충만한 구원이 이루어지기까지 하나님께서 그들의 일부를 우둔하게 두셨기 때문이다(롬 11:25).

따라서 우리는 유대인들을 개종의 대상으로 여기지 않고, 그들이 기다리던 메시아가 곧 예수님이라는 것이 열리도록 함께 돕고 기도하는 동역자가 되어야 한다. 물론 오랜 전통의 랍비 유대교는 메시아에 대한 무지로 인해 그 자리에 온갖 엉터리 신비주의를 집어넣었기 때문에 경계도 필요하다. 다만 토라의 계명을 지키며 삶과 신앙과 교육의 모든 것을 하나님께 집중하는 그들의 신앙은 존중받아 마땅하다.

한 새사람은 흑이 아니면 백이 되는 단순한 진영의 논리가 아니라, 이중 나선의 DNA구조와 같이 이방의 교회와 유대인들의 나선형 역사가 서로 연결되어 굉장히 다양하고 입체적인 생명의 사다리를 만들어가는 것이다. 야곱의 사다리는 일직선으로 된 일반적인 사다리가 아니라 이중 나선의 계단으로 천사들이 오르락내리락하는 모양이다.

그들의 우둔함에는 이유가 있다. 이방의 모든 나라에 복음이 전해지고, 충만한 수가 차야지만 그들에게 깨달음의 눈이 밝아지게 되는 것이다. 따라서 선교적인 관점에서 이스라엘의 회복을 연결시킬 필요가 있다. 자신의 동족 이스라엘을 회복하기 위해서 사도 바울이 이방으로 향한 이유가 바로 이것이었다. 그와 반대로 우리는 이방의 충만과 회복을 위해 이스라엘로 향하는 것이다. 어릴 때 수련회에서 길고 긴 수저로는 자기 자신이 맛있는 음식을 떠먹을 수 없으니 서로에게 먹여주는 식탁을 경험하는 프로그램이 있었는데, 이스라엘과 이방 교회가 꼭 그렇다. 서로를 통해서만 하나님의 말씀을 먹을 수 있고, 은혜의 완전함을 이룰 수 있다.

따라서 이방인인 우리는 유대인들을 기독교로 개종시킬 대상으로 보는 것이 아니라 그들 신앙의 마지막 해답이 예수님인 것을 알도록 그것을 깨달을 수 있도록 중보로 돕는 것, 이것이 원뉴맨의 관점에서 가장 중요하다. 유대인들 또한 이방의 교회가 자신들을 괴롭히는 이교도들이 아니라 한 새사람을 이루어갈 동역자임을 깨닫고, 온 열방의 제사장 나라로 세우시겠다는 시내산 언약을 통해 이방을 향해 힘을 다해 섬기는 것, 그것이 하나님의 뜻이다.

> 세계가 다 내게 속하였나니 너희가 내 말을 잘 듣고 내 언약을 지키면 너희는 모든 민족 중에서 내 소유가 되겠고 너희가 내게 대하여 제사장 나라가 되며 거룩한 백성이 되리라 너는 이 말을 이스라엘 자손에게 전할지니라 _출애굽기 19:5-6

15년 전 내가 처음 만난 메시아닉 유대인은 미국의 애틀랜타에 사는 제이콥이었는데 나와 동갑내기 랍비였다. 그는 유대교 신앙의 배경을 가진 집안에서 자라며 자연스럽게 유대교 랍비가 되었는데, 성경을 읽고 기도를 하던 중 갑자기 성령 체험을 하게 되었다고 했다.

"하늘에서 음성이 들리고, 예슈아가 메시아이심을 선포하는 말씀이 계속되었죠."

그의 간증과 회심의 사연은 매우 초자연적인 성령의 강권하심이었으며, 유대인들을 깨우고 계신 주님의 때가 되었음을 알게 하셨다.

당시 나는 메시아닉 유대인이라는 사람들에 대해 아무런 지식과 정보가 없었고, 외국에서 오신 귀한 분을 어떻게든 잘 대접하고자 일식집으로 가서 함께 식사를 했다. 대부분의 미국인들이 스시(sushi)를 고급스러운 건강식으로 여기니까 당연히 제이콥도 좋아하리라 생각했다. 그런데 제이콥은 정식을 시키면 나오는 화려한 해산물 대부분을 먹지 않고 맨밥만 조금 먹을 뿐이었다.

나는 그의 식사에 완전히 당황했다. 그는 메시아닉 유대인이지만 레위기 11장의 음식 규례를 지금도 그대로 지키고 있다고 했다. 그때 나는 유대인이 예수를 메시아로 받아들인다고 해서 '코셔'라는 음식 규례가 폐하여진 것이 아니란 사실을 처음 알게 되었다. 유대인들이 거룩을 지키는 가장 중요한 부분 가운데 하나가 하나님이 먹지 말라고 하신 것을 먹지 않는 순종이라는 것을, 그를 통해 듣게 되었다.

다만 그러한 율법의 행위는 유대인들에게 해당되는 것이며 사도행전 15장의 예루살렘 공의회에서 결정된 대로 이방인들에게는 할례나 유대인들의 음식 규례를 요구할 필요가 없다는 것도 알게 되었다. 유대인들에게 개종을 강요하고 돼지고기를 먹는 자유를 선물하는 것은 우리가 할 일이 아니다. 오히려 그들이 지키고 있는 율법 속에 감추어진 예수 그리스도의 성품과 삶을 캐내는 것이 이방인인 우리가 해야 할 일이다.

그와는 반대로 이스라엘 회복 운동을 하시는 분들 가운데 우리도 유대인들처럼 율법의 규례를 지키고 음식이나 할례, 절기 등을 동일하게 지켜야 하나님의 백성이 된다고 믿는 분들을 만나게 된다. 유대인들과 이방의 성도들이 하나가 되는 것은 둘이 서로 섞이는 것을 의미하지 않는다. 남자가 여자를 사랑하고 하나가 되기 위해 여자가 될 필요도 없고, 그래서도 안 되는 것이다. 각기 고유한 이중의 언약적 구조가 그리스도와 말씀의 언약 안에서 서로 연결되고 조화되는 것이 원뉴맨이다. 이제는 거꾸로 우리가 율법을 되찾고 기독교의 오랜 탈선에서 돌이켜야 한다는 것은 원뉴맨에 대한 큰 오해이다.

성경에서도 이러한 신앙을 경계해야 한다고 말씀하신다.

> 내가 네 환난과 궁핍을 알거니와 실상은 네가 부요한 자니라 자칭 유대인이라 하는 자들의 비방도 알거니와 실상은 유대인이 아니요 사탄의 회당이라 _요한계시록 2:9

초창기 메시아닉 유대인들은 주로 미국에 거주하던 미국계 유대인들이었다. 그들은 1960년대 베트남전과 히피 문화 속에서 마약과 허망한 염세주의에 청춘을 잠식당하던 가운데 성령을 체험하고 회심한 청년들이 주축이었다. 그들이 기다리던 메시아가 '예슈아'이시고, 그들의 하나님과 이방 교회의 하나님이 같은 분이시라는 이 충격적인 사실을 깨닫고 그들은 언약의 고토(故土)인 이스라엘로 돌아가 그곳에서 예배 공동체를 세우고 메시아닉 운동을 일으켰다. 지금도 이들이 메시아닉 유대인들의 중요한 한 기둥이 되고 있다.

최근 몇 년 사이에 급격하게 등장하는 새로운 계통의 메시아닉 유대인들은 러시아나 우크라이나와 같은 동구권에서 알리야(Aliyah)를 통해 돌아온 사람들이다. '알리야'란 "올라간다"(going up)라는 뜻의 히브리어로, 세계 각국으로 흩어진 유대인들이 다시 약속의 고토로 돌아오게 되는 언약의 성취를 말한다. 이스라엘은 국가적으로 이 알리야 운동을 이끌어 오고 있으며 80년대 아프리카 기근 때에는 에티오피아에 살던 유대인들이 대거 알리야 하는 사건이 있었고, 소련 연방의 해체와 동구 공산권 국가들의 몰락의 시기에 수많은 유대인들이 이스라엘로 돌아왔다.

그들은 미국에서 알리야 한 유대인들과는 달리 경제적으로 어려움을 겪고 있고 기독교 신앙에 대해서는 큰 반감을 갖고 있지 않다. 이들은 대부분 러시아어를 쓰며 물가가 비싼 이스라엘에 정착하기에 많은 어려움을 겪고 있다. 이들 가운데 상당수는 마약, 알코올중독에 빠진 노숙자가 되거나 수용시설에서 사망하는 일도 종종 일어나곤 한다. 그런데 이들이 현재 메시아닉 공동체의 중심이 되어가고 있다. 가정교회와 같은 작은 공동체 교회를 세우는 일을 한국 사역자들이 물심양면으로 돕고 있으며, 벌써 수천 개의 가정교회가 세워지는 부흥이 그들을 중심으로 일어나고 있다. 이것은 분명 메시아닉 유대인 역사에 새로운 한 획이 그어지고 있는 증거이다.

최근 러시아와 우크라이나의 전쟁으로 우크라이나계 유대인들이 대거 피난한 곳이 바로 이스라엘인데, 예수 믿는 메시아닉 유대인들이 세계에서 가장 많은 나라가 미국이 아닌 우크라이나라는 사실은 다음 단계의 큰일을 행하시는 하나님의 계획 아래 역사가 진행되고 있음을 알게 한다. 우리 교회에서도 그들의 정착에 필요한 여러 물품과 식량 등을 위해 재정적으로 계속 섬겨오고 있다. 이것이 복음과 말씀에 대해 빚진 우리가 해야 할 갚음이다.

나는 유대인들을 만날 때마다 빚진 자로서 그들에게 감사하며 어떤 방식으로든 은혜를 갚으려 하는 마음으로 섬기고자 한다. 생각해보면 이방에 교회를 세운 초대 교회의 사도들 모두 유대인이었고, 그분들이 전한 복음과 기록한 성경이 우리가 읽고 있는 말씀이라는 것이 얼마나 큰 빚인가? 이에 대해 바울은 우리가 육적으로 그들을 섬겨야 할 것을 이야기한다.

저희가 기뻐서 하였거니와 또한 저희는 그들에게 빚진 자니 만일 이방인들이 그들의 영적인 것을 나눠 가졌으면 육적인 것으로 그들을 섬기는 것이 마땅하니라 _로마서 15:27

유대인들은 더 이상 교화의 대상도, 버려진 존재도 아닌 우리가 하나님의 때에 함께 연합하여 온전한 그리스도의 몸을 이룰 동역자들이다. 그들에게 필요한 것은 열방의 교회가 충만해지는 것과 주님이 오실 때가 차는 것이다.

크리스마스에 **안 모이나요?**

개척 첫해부터 이 질문을 받았다.

　"이번 크리스마스에 우리 교회는 안 모이나요?"

　"크리스마스에는 그냥 가족과 함께 좋은 시간을 가지세요."

　내가 이렇게 답했을 때 성도들이나 우리 가족 역시 뭔가 허전한 마음을 금하지 못했다. 할 수 없이 교회에 모여 중국집에서 짜장과 짬뽕을 시키고 군만두 서비스로 전교인 식사를 함께하며 절기에 대해 나누었다. 기독교의 절기와 유대교의 절기 중에서 당연히 기독교의 절기를 지켜야 하지 않겠냐는 생각이 우리 안에 강하게 자리 잡고 있었다.

　한새사람교회가 개척되고부터 우리는 교회에서 거세되었던 성경에 나오는 절기를 되찾으려고 애써 왔다. 기독교의 대표적인 절기인 성탄절과 부활주일에 익숙해진 우리에게 유월절이나 오순절 같은 성경의 절기는 구약시대의 유물처럼 유효기한이 지난 것으로 여겨진 것이 사실이다. 그렇지만 절기와 안식일이 교회에서 사라지게 된 것은 그것이 유대교의 나쁜 전통이어서가 아니었다.

절기(모에딤)는 시간의 주권을 하나님께 드리는 것이다.

이스라엘 자손에게 말하여 이르라 이것이 나의 절기들이니 너희가 성회로 공포할 여호와의 절기들이니라 _레위기 23:2

이것은 단순히 이스라엘의 민족 명절이 아니다. 하나님께서 세상을 구원하실 구속사의 스케줄인 '때와 시기'에 대한 분명한 모델이다. 바울은 절기가 "장래 일의 그림자"(골 2:17)라고 했다. '여호와의 절기'는 지난 성경의 역사에 대한 배경을 갖고 있으며 동시에 앞으로 오실 메시아와 그 나라에 관한 예언을 갖고 있다. 구속사의 과거와 미래 사이에 우리의 현재 시간이 있다. 과거에 일어난 출애굽 사건과 나의 삶이 연결되는 것이 절기이고, 동시에 앞으로 이루어질 그리스도의 재림과 천년왕국의 통치가 현재의 내 삶과 연결되는 것 역시 절기이다.

이런 절기가 교회에서 자취를 감춘 것은 콘스탄티누스 황제 때 기독교를 보편적인 종교로 변질시키면서부터였다. '가톨릭'이라는 말이 "보편적"이라는 뜻을 가지고 있는데 기독교를 그렇게 만들어버린 것이다. 교회가 핍박과 고난을 받으며 그리스도의 몸으로 피를 흘리면 더 큰 힘을 얻고 부흥하는 것에서 세상의 부귀와 영화를 누리는 귀족 종교로 탈바꿈하는 순간이었다.

그러면서 굉장히 강하게 금지한 것이 있다. 그것은 바로 성경에 나오는 여호와의 절기 대신 당시 로마 라틴 문화권의 태양신교인 미트라의 절기들로 기본적인 절기를 바꾸어버린 것이다. 안식일은 주일로 대체되었고, 유월절, 무교절, 초실절로 이어지는 봄 절기는 사순절과 고난주간, 부활주일로 바뀌었다. 대신 태양신의 탄신일인 12월 25일을 예수 탄생일로 바꾸어 새로운 절기를 만들었다.

예수님의 오심을 기념하는 것이 뭐가 문제냐고 생각할 수도 있지만, 예수 그리스도를 강보에 싸인 아기로 각인시키고, 겨울철 크리스마스 장식으로 안팎을 치장하는 것은 예수 그리스도를 자꾸만 위축시키고 박제하는 교묘한 장치가 되어왔다. 교회가 여호와의 절기를 되찾는 것은 유대인들의 문화를 흉내내기 위해서가 아니다. 다만 예수 그리스도의 십자가 구원이 유월절 어린양의 피와 유월절 만찬으로 이어지고, 그것이 부활의 첫 열매가 되신 초실절 부활 사건으로 이어지는 시간의 문(gate)이기 때문이다. 오순절 시내산에서 율법을 받고, 마가의 다락방에 불의 혀로 임하신 성령의 역사하심과 초막절에 우리의 장막이 되어 다시 오실 예수 그리스도의 재림을 지금 나의 삶에 연결시키기 위해서 우리는 절기를 되찾아야 한다.

우리 교회에서는 매년 유월절, 오순절, 초막절에 모여 연결된 성경의 말씀을 나누고 예수께서 성취하신 일과 더불어 앞으로 일어날 언약에 대해 살피면서 지금, 바로 나의 삶 속에 이 유월절이, 오순절이, 그리고 초막절이 어떻게 성취될 수 있을 것인지 질문을 나눈다. 더불어 유대인들이 절기를 어떻게 지키는지를 살피면서 그들 자신도 모르면서 지키는 절기의 관습들 속에 숨겨진 메시아 예수의 비밀을 찾아내려 애쓴다. 간략하게나마 여호와의 절기에 대해 소개하는 것은 이것이 언약과 삶을 연결 짓는 가장 강력한 시간의 문과 같기 때문이다.

봄 절기 – 유월절, 무교절, 초실절

유월절은 이스라엘 백성들이 애굽 땅 종 되었던 집에서 출애굽한 날 밤에 급하게 먹었던 마지막 만찬을 먹는 절기이다. 예수께서도 "이 유월절 먹기를 원하고 원하였다"(눅 22:15)라고 하신 것처럼 유월절은 '먹는' 것이 주가 되는 절기이다.

유대인들에게 식사는 단순히 배를 채우는 행위가 아니라 그 음식이 나의 살이 되고 피가 되는 합일(合一)의 의식을 의미한다. 예수께서 제자들에게 열어주신 성만찬은 바로 이 '페삭 세데르'라고 불리는 유월절 만찬을 성취하신 사건이다. 이 만찬에서 누룩이 들어가지 않은 마짜(무교병)를 먹고 네 잔의 포도주를 마시는 순서를 통해 이제는 더 이상 애굽의 노예가 아닌 천국 백성으로의 삶이 시작되고, 특별히 자녀들이 세상에 삼켜지지 않고 하나님께 바쳐진 거룩한 제사장들이 되는 신분의 전환이 이루어진다.

전체적으로 이 유월절의 절기는 예수 십자가와 구원의 시작에 해당하는 날이 된다. 여기서 유월절이 구원의 시작이라고 한 이유는, 십자가 사건과 구원의 이야기를 통해 하나님나라 백성으로서의 삶이 시작되기 때문이다. 예수님의 살과 피로써 이제는 내가 사는 것이 예수께서 사시는 것이 되는 절기가 바로 유월절이다.

유월절과 연결된 무교절은 누룩을 제거한 빵을 먹는 것인데, 급하게 굽고 식혀서 만든 거친 질감의 크래커 같은 맛의 마짜를 쓴 나물과 함께 먹는다. 누룩은 영적 허세나 세상적 허세를 뜻하는 것으로, 우리가 다른 사람들에게 어떻게 보여지는가에 매이는 노예의 삶을 상징한다. 결국 삶의 본질은 그리스도를 살아내는 것에 있음을, 무교병을 먹는 것으로 다짐하는 것이다.

이어지는 절기가 무교절 다음날인 초실절로 보리 추수의 첫 곡식이 제단에 드려지는 날이다. 이 날이 바로 부활절이다.

그러나 이제 그리스도께서 죽은 자 가운데서 다시 살아나사 잠자는 자들의 첫 열매가 되셨도다 _고린도전서 15:20

오늘날 교회에서 지키는 부활절은 계산법이 복잡한데 그 해의 춘분 후 만월 직후 일요일이다. 그런데 이 날은 다산과 풍요를 상징하는 여신인 아스다롯(에슈테르)의 탄생 절기이다. 그래서 서양에서 부활절을 이스터(Easter, 아슈테르)라고 부르는 것이다. 해도 너무하다는 생각이 들지 않는가? 어떻게 기독교의 가장 큰 승리인 부활의 날을 여신 탄생 절기와 맞바꾼다는 것인가? 이렇게 되면 교회의 궁극적인 승리는 부활의 생명에 있는 것이 아니라 풍요와 번영의 알을 까는 것으로 전락해버리고 만다.

왜 성경에 나온 여호와의 절기를 지키지 않는 것이 정상이되고, 이교의 우상 탄생일이 그리스도의 부활의 날로 조작되었는가? 우리가 다시 절기를 되찾는 것에 대해 정말로 진지한 노력을 기울여야 할 때가 되었다.

한새사람교회에서는 매년 유월절 만찬을 하는데 그 중심에는 자녀들이 있다. 어린 아이들과 함께 모두 흰옷을 입고 와서 테이블을 차리고 교회 마당에서는 바비큐 그릴에 양고기를 굽는다. 가톨릭에서 메마른 예전(禮典)으로 묶어버린 성만찬을 훨씬 더 입체적이고 언약적으로 누리는 유익이 있다.

유월절 저녁 만찬에서는 아이들이 질문을 하면 어른들이 답을 하는 것으로 순서가 진행된다. 그중에 숨겨진 마짜(아피코만)를 보자기에 싸서 어딘가에 숨겨두면 그것을 찾아낸 아이에게 상을 준다. 이런 것들을 통해서 유대인들에게 감추어진 예수 그리스도의 이름과 구원의 비밀을 더 깊이 알게 된다. 유월절 절기는 그 분위기와 맛, 양고기의 냄새로 감각적인 기억을 남기게 되는데, 어려서부터 이런 만찬을 누린 아이들에게 어린양의 보혈과 부활의 기쁨을 더 깊이 있는 삶으로 새기는 유익을 누리고 있다.

히브리인들의 절기와 예배는 먹는 것과 구분이 되지 않는다. 이 부분이 중요한 이유는 먹는다는 가장 기본적인 육체적 행동과 삶이 거룩한 그리스도의 십자가와 부활 생명을 받아들이고 살아가는 것으로 연결된다는 이 연결에 있다. 종교적인 예식과 식사를 완전히 구분하는 것이 언뜻 엄숙한 경건으로 보일지 모르겠으나 유월절과 부활절만큼은 본래 성경에 나온 날로 회복하는 것이 옳다. 이것은 너무나 분명한 사실이다.

칠칠절 – 오순절

유월절부터 주의 제단에 곡식 한 단씩을 베어서 바치며 일곱 안식일을 계수한다. 이것을 오멜 계수라고 한다. 이것은 오순절이 유월절 이후 날을 세면서 기다리고 갈망하던 제자들에게 성령이 강림하신 절기이기 때문이다. 다시 말해 십자가로 시작된 유월절의 은혜가 성령의 강림하심으로 '말씀이 육신'이 되는 그리스도의 영광으로 나타나게 되는 연결이다.

구약에서 오순절에 일어난 사건으로는 모세가 시내산에서 계명을 받게 된 사건이 있다. 신약에서 이 일은 마가의 다락방에 모인 120명의 성도들이 받은 '불의 혀'와 같은 성령의 임재와 연결된다. 부활하신 예수께서 하늘로 승천하신 이유는 이 땅에 남은 주의 제자들이 성령을 받아 수많은 작은 예수로 살기를 원하셨기 때문이다. 한 분 예수님의 동행과 통치가 아닌 수많은 성도들이 그들의 삶을 통해 그리스도와 같은 역할을 행하길 바라셨다.

> 하나님이 미리 아신 자들을 또한 그 아들의 형상을 본받게 하기
> 위하여 미리 정하셨으니 이는 그로 많은 형제 중에서 맏아들이
> 되게 하려 하심이니라 _로마서 8:29

오순절의 성령 강림은 단순히 영적인 현상을 체험하도록 하기 위한 목적이 아니었다. 성령을 받은 성도들은 열방의 언어로 방언을 하기 시작하는데, 이것은 언어의 혼잡으로 흩어졌던 바벨탑의 저주가 풀리는 사건이었다. 그 방언이야말로 서로의 언어로 말할 수 있는 능력이 회복된 사건이었다. 성령의 능력은 서로가 알아들을 수 있는 말을 하도록 하신다는 것이다. 사람은 말을 통해 서로에게로 연결되고 그 감정이나 필요를 알게 된다.

또한 그 성령의 임재는 곧바로 자신들의 물질을 내놓아 가난한 자들을 살리는 행동으로 이어졌다.

> 믿는 무리가 한마음과 한 뜻이 되어 모든 물건을 서로 통용하고
> 자기 재물을 조금이라도 자기 것이라 하는 이가 하나도 없더라
> _사도행전 4:32

성령이 주시는 권능의 핵심이 바로 여기에 있다. 우리가 더 이상 자신의 끝없는 부족함의 소용돌이에 시달리지 않을 수 있는 힘을 주셔서 나의 것을 기꺼이 나눌 수 있는 행함의 열매를 주시는 것이다. 구약에서 오순절을 칠칠절이라고 부르는 이유도 여기에 있다. 일곱 안식일의 수효를 채우는 절기라는 것이다. 단순히 일주일에 한 번 오는 안식일이 일곱 번 반복되어 흐르면 오순절이 된다는 개념이 아니다. 헬라적인 시간 개념은 시간이 흘러가는 것인데 반해, 히브리적인 시간 개념의 시간이란 바구니에 열매를 담아 넣듯 채운다는 개념을 갖고 있다.

> 안식일 이튿날 곧 너희가 요제로 곡식단을 가져온 날부터 세어서 일곱 안식일의 수효를 채우고 … 너희 땅의 곡물을 벨 때에 밭 모퉁이까지 다 베지 말며 떨어진 것을 줍지 말고 그것을 가난한 자와 거류민을 위하여 남겨두라 나는 너희의 하나님 여호와이니라 _레위기 23:15,22

오순절을 위해 채워야 할 일곱 안식일의 목적은 가난한 자를 위해 자기 밭의 곡물을 다 베지 않고 남겨두는 것이다. 그들이 자유롭게 내 밭에서 곡식을 거두어 갈 수 있도록 밭 모퉁이까지 다 거두지 않고 직전에 추수를 멈추는 안식을 채우는 것이다. 그리하여 우리 동네에 사는 가난한 과부나 고아 및 레위인들이 함께 즐거워할 수 있게 돕는 것이 성령이 우리에게 주시는 큰 권능이다.

> 주의 성령이 내게 임하셨으니 이는 가난한 자에게 복음을 전하게 하시려고 내게 기름을 부으시고 나를 보내사 포로 된 자에게 자유를, 눈 먼 자에게 다시 보게 함을 전파하며 눌린 자를 자유롭게 하고_누가복음 4:18

교회가 가난한 자들을 위해서 손을 펴 자신들의 것을 나누는 성령의 권능을 받도록 기도하고 애써야 한다.

한새사람교회도 개척교회로 재정이 늘 궁핍했다. 상가 예배실 임대료를 제때 내지 못해 몇 달씩 연체되어 있는 상황이 첫해부터 이어졌다. 성도들의 수가 적어 임대료와 관리비가 눈덩이처럼 불어나는 것을 감당하기가 어려워졌다. 나 역시 얼마간 교회에서 사례비를 받지 못할 정도로 어려워지자 연체된 카드도 거래정지가 되고 그야말로 집에 먹을 쌀이 떨어지는 지경에 이르고 말았다.

나는 판교에 있는 수입차 정비 공장에 차를 입출고하는 대리기사 아르바이트를 하기 시작했다. 일이 고되지는 않았지만 비싼 수입차에 고장 등의 문제가 생긴 고객들의 불편한 심기 때문에 부당한 욕을 먹는 게 힘이 들었다.

그러던 중 우리 교회든 나 자신이든 이렇게 부족함의 노예로 살면서 아무도 돕지 못하는 것은 성경적이지 않다고 생각했다. 그래서 일단 각 가정교회에서 모인 헌금은 본 교회에 올리지 말고, 거기서 바로 어려운 이웃이나 탈북민 그리고 이스라엘의 가난한 공동체를 돕는 헌금으로 흘러가도록 했다. 교회의 재정 역시 임대료보다 먼저 십일조를 떼어 가난한 사역자나 하나님께서 주라고 하시는 곳을 향해 먼저 헌금하기 시작했다. 나도 다니던 대리기사 일을 그만두었다. 일을 해보니 어차피 돈은 계속 부족했고, 교회가 아닌 다른 곳에서 돈을 받으며 일을 하는 것이 영적으로 상당히 피폐해진다고 느꼈기 때문이다.

그런데 놀랍게도 배수진(背水陣)을 치고 성경적으로 재정의 안식과 십일조를 통한 구제의 흐름이 생기자 밀렸던 임대료를 갚게 되고, 나도 사례비를 받으면서도 재정이 마르지 않게 되었다. 신기한 일이라고밖에 설명할 수 없다. 왜냐하면 별다른 교인 수의 증가나 특별한 이벤트도 없었기 때문이다. 이후에도 이러한 재정의 원리를 잘 지키고, 우리에게 복을 주신 대로 모은 절기 헌금의 전액은 언제나 생명을 살리는 일로 흘러가게 하고 있다.

오순절의 배경이 되는 성경의 이야기가 바로 룻기다. 거기에 등장하는 몰락한 유대인 집안의 며느리 룻과 베들레헴의 유력한 부자 보아스의 만남과 결혼 이야기가 훗날 다윗 왕의 가문의 시작이었다는 아름다운 이야기다. 우리는 가난하고 능력이 없어도, 룻과 같이 어떻게 해서든 쓰러져가는 사람을 살리고, 특별히 이스라엘을 살리는 일에 헌신하는 교회가 되고 싶었다. 때론 보아스처럼 자신의 밭에서 낟알을 줍고 모퉁이의 곡식을 베어가도록 배려하며 먼 친척 집안의 빚을 대신 갚아서 잃어버렸던 땅을 되찾아주는 능력 있는 자가 되고 싶었다. 이것이 우리에게 주시는 성령의 권능이다.

실제로 가난한 자에게 선포되는 복음은 재정이 우선이다. 일단 먹이고 삶으로 그리스도를 보여줄 때 전도도 이루어지는 것이지, 말과 교리만으로 전도하는 것이 아니다. 유대인들은 절기를 준비하고 지키는 과정 속에서 늘 '쩨다카'라고 하는 헌금함을 준비해놓고 자녀들과 함께 계속 헌금을 모아 가난한 사람들에게 가져다준다. 나는 유대인들이 세계의 부를 차지한 이유가 여기에 있다고 믿는다. 가난한 사람들에게 필요한 양식을 나누어줄 줄 알기 때문이다.

•

주께서 이르시되 지혜 있고 진실한 청지기가 되어 주인에게 그 집 종들을 맡아 때를 따라 양식을 나누어줄 자가 누구냐 주인이

이를 때에 그 종이 그렇게 하는 것을 보면 그 종은 복이 있으리로다_누가복음 12:42-43

유월절 십자가의 구원이 오순절 성령의 능력이 되어 가난한 자들을 향한 복음이 될 때 교회는 다시 부흥하게 될 것이다. 나는 이 원리를 오순절과 룻기에서 배웠고, 초대 교회에서 목격했으며, 한새사람교회에서 검증했다. 이것이 바로 오순절 성령의 부흥이다.

초막절

가을 절기는 성서력으로는 한 해의 시작을 의미하는 나팔절로 부터 시작된다. 보통 우리나라의 9,10월경에 있는데 이 때를 보통 정월 초하루로 기념한다. 가을 절기는 마지막 때와 관련된 미래의 언약에 대한 절기이다.

마지막 나팔 소리가 울려 퍼지면 그때로부터 대속죄일까지 열흘 동안 경외의 날이라는 기간이 시작되고, 이 기간에 유대인들은 평소 용서하지 못했던 사람을 용서하거나 또는 용서를 구한다. 이것이 마지막 날 심판대 앞에 설 우리가 긴급하게 해야 할 일이다. 어떻게든 심판과 환란을 피할 방법을 찾는 이단의 종말론과 다른 지점이 바로 여기에 있다. 우리가 하나님의 심판을 받는 기준은, 우리가 서로의 죄를 용서하고 사죄함으로 용서를 받는 것이다.

이와 같이 가을 절기는 두렵고 떨리는 마음으로 용서와 회
개를 회복하고 오실 메시아를 맞이하는 것이다. 그때 하늘에
서 장막이 덮이고 우리가 그 장막에서 주님을 예배하게 된다.
그것이 초막절이다.

한새사람교회에서는 해마다 교회 앞마당에 큰 장막을 세우
고 그곳에서 소그룹 공동체별로 모여 예배를 드리고 아이들과
맛있는 것을 먹으며 초막절을 지키고 있다. 한국 교회도 전쟁
후 천막교회 영성이라는 유산을 가지고 있다. 이것은 다시 회
복시켜 가야 할 우리의 유업이다. 장막에서 다시 겸손과 처음
사랑을 배우고, 가장 친밀한 가족들과 함께 주의 말씀을 나
누고, 은혜 안에 머무는 것이 결국 주님이 이 땅에 오셔서 행하
실 일이라는 것이다.

세상이 무너지고 크고 기이한 일들에 가려서 우리가 놓친
마지막 때의 참된 회복과 성취는 바로 아무것도 없는 가난과
부족함 속에서도 그토록 행복하고 귀하게 살아갈 수 있었던
그 시간을 회복하는 것이다. 누구나 인생에서 회복해야 할 초
막이 있다. 그 시간의 장막을 회복할 수 있다면 현재 내가 매

어 있는 헛된 것들을 기꺼이 버릴 수 있다는 감각을 되찾는 절기가 바로 초막절이다.

큰 구속사의 언약에 있어서 주님이 그날에 다시 회복하실 것이 바로 '다윗의 장막'이다. 다윗의 장막은 24시간 예배의 회복만이 아니라 유대인들과 이방인들을 나누는 어떤 경계의 휘장도 없는 장막에서 함께 예배하는 것이다. 이 장막에 이방인들을 들어오도록 하는 것이다. 초대 교회의 수장이었던 야고보가 바로 이 다윗의 장막의 회복에 대해 이야기한다.

이후에 내가 돌아와서 다윗의 무너진 장막을 다시 지으며 또 그 허물어진 것을 다시 지어 일으키리니 이는 그 남은 사람들과 내 이름으로 일컬음을 받는 모든 이방인들로 주를 찾게 하려 함이라 하셨으니 즉 예로부터 이것을 알게 하시는 주의 말씀이라 함과 같으니라 _사도행전 15:16-18

여기에는 이방과 이스라엘이 한 장막에서 예배를 드리는 회복의 이야기가 담겨 있다. 초막절을 히브리어로 '수콧'이라고 하는데, 창세기 33장에 야곱이 지은 장막과 우릿간을 숙곳이라고 부르는 것에서 나온 이름이다.

이 날에 에서는 세일로 돌아가고 야곱은 숙곳에 이르러 자기를 위하여 집을 짓고 그의 가축을 위하여 우릿간을 지었으므로 그 땅 이름을 숙곳이라 부르더라 _창세기 33:16-17

전에 원수가 되었었던 형 에서와 화해하고 이제 각자의 장막으로 돌아오게 되었을 때 야곱이 지은 장막이 바로 숙곳이었다. 결국 한 새사람의 성취가 마지막 언약의 완성의 지점에 있다는 것이 초막절을 통해 배우고 기대하게 될 지혜이다.

ONE NEW MAN

PART 4

그 이름을 찾아서

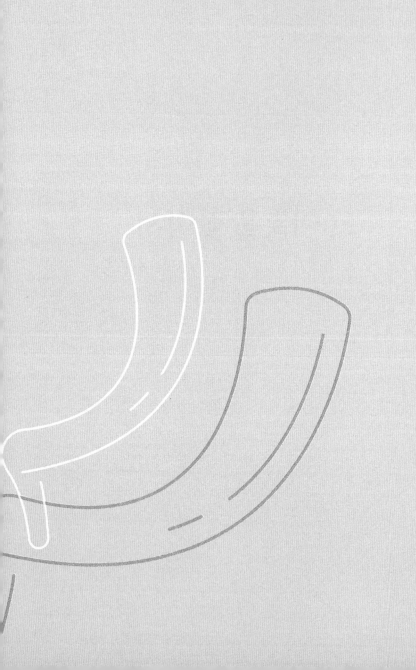

예수를 예수라 부르지 못하고

어느 날 아버지의 전화를 받았다.

"강대위 목사, 우리가 믿는 예수님이랑 한새사람교회의 '예슈아'는 다른가? 같은가?"

"예 아버지, 같은 이름이죠. 예슈아가 더 정확한 발음이고요. 근데 그건 왜….'"

"아니 내가 아는 목사님들 중에 어떤 분이 그거 이상하다고 그래서 '예슈아가 맞고 예수님이 틀리다는데요'라고 하다가 도무지 결론이 안 났어요. 그 목사님은 한새사람교회에서 그렇게 예슈아라고 부르면 교회가 부흥이 되겠느냐 그러네?"

한새사람교회에서는 예수 그리스도라는 주의 이름보다는 '예슈아 메시아'라는 이름으로 부르려고 해왔다. 그 이유는 '예수'라는 헬라식 발음보다 '예슈아'라는 발음이 더 정확한 히브리식 발음이기 때문이다. '예수님'이라는 발음에 익숙해졌는데 굳이 '예슈아'라고 부르니까 더 혼돈이 오고, 안 그래도 이상하게 보는 외부의 시선을 느끼는데 더 이상한 취급을 받게 되지 않을까 염려하시는 것도 이해가 된다.

그러나 우리가 예슈아라는 정확한 이름을 부르는 것은 그분이 구원자이심을 인정하는 것의 시작이다. 나 중심의 호칭과 편의가 아닌, 그분의 마음에 가닿기 위한 입장의 작은 변화가 여기에서부터 시작된다. 중국과 수교 관계가 없을 때는 우리가 한자를 발음하는 대로 그들의 이름을 불렀다. 과거 중공이라고 부를 때 마오쩌뚱을 모택동으로, 덩샤오핑을 등소평으로 부르던 시절이 있었다는 것을 기억할 것이다. 그런데 중국과 수교를 맺고 관계가 생기자 우리의 편의가 아닌 그들의 입장에서 알아들을 수 있는 정확한 이름을 부르려고 하는 작은 변화가 일어났다. 왜냐하면 정확한 이름을 불러주는 것은 관계를 맺어가는 자세를 내 방식대로 할 것이냐, 상대방의 입장에서 생각할 것이냐를 나타내기 때문이다.

정치와 외교의 영역에서도 이렇게 애를 쓰는데, 우리가 아직도 예슈아의 라틴 헬라식 발음을 그대로 쓴다는 것이 너무 무성의하게 느껴졌다. 게다가 예슈아라는 본명의 발음 대신 예수라는 부정확한 발음을 쓰게 된 배경에는 결코 선하지 않은 의도가 있다는 여러 설도 있다. 나도 개인적으로 '대위'라는 이름이 독특해서 간혹 세탁소에서 '대우'나 '대원'이라고 쓰면 그것이 그렇게 이상하게 들릴 수 없다. 시진핑을 습진평이라고 부르는 건 좀 아니지 않은가?

이스라엘에서 오랫동안 선교사로 활동하신 미국인 목사님을 갈릴리에서 만났을 때, 그가 함께 방문한 모든 분들의 이름을 묻고 발음이 정확한지 두 번 세 번 확인하시는 모습이 인상적이었다. 왠지 내 이름을 정성을 다해 불러주시겠다는 마음이 느껴져서 좋았다. 그런데 내가 세간의 시선을 의식하여 예슈아의 이름을 이전 방식으로 부르겠다고 고집한다면 얼마나 죄송스러운 일이겠는가.

유대인들에게 예슈아는 감추어진 이름이다. 그들은 '여호와'라는 하나님의 이름을 부르지 않고, 주(Lord)를 뜻하는 '아도나이'라고 표기한 것도 부르지 않는다. 혹시 그 이름을 잘못해서 망령되이 부르게 될까 걱정해서다. 그래서 하나님을 부를 때 '그 이름'(하쉠)이라고 말한다.

너는 네 하나님 여호와의 이름을 망령되게 부르지 말라 여호와는 그의 이름을 망령되게 부르는 자를 죄 없다 하지 아니하리라
_출애굽기 20:7

"망령되이"라는 히브리어 '라샤브'(לַשָּׁוְא)의 뜻은 모독의 의

미가 아니었다. 이 단어의 뜻은 "공허하고 황폐하게 하는"이라는 것이다. 하나님의 이름이 영광을 받으시는 것은 공허한 빈 이름을 실체로 채우는 것으로 이루어진다. 이것이 우리의 첫 번째 간구가 되어야 한다. '영광'이라는 히브리어는 '카보드'(כבוד)인데 "무게를 가졌다"라는 뜻이다. 하나님의 이름의 실체는 우리의 삶을 통해서 무게를 갖게 된다. 하나님의 살아계심과 예수님의 부활은 신화 속 사건이 아니다. 그것은 우리의 삶을 통해서 다시 실체가 되는 것이다. 이것이 그 이름의 영광이다.

구약학자인 조지 코츠(G. W. Coats)는 이렇게 말한다.

"이제 예수라는 이름은 한 장소에 거하지 않으신다. ⋯ 이름이 백성에게로 온다. 이름이 백성 가운데 거하신다."

우리는 그리스도의 이름으로 살아가는 사람이다.

⋯ 제자들이 안디옥에서 비로소 그리스도인이라 일컬음을 받게 되었더라_사도행전 11:26

그리스도인이라는 이름은 그냥 주어진 것이 아니다. 많은 희생과 섬김의 열매로 그런 이름으로 불리게 된 것이다.

히브리인들은 평생에 걸쳐 여호와의 이름을 찾는 것이 신앙의 과업이라 생각한다. 랍비들은 예전부터 한 사람의 구원이 완성되는 그 순간, 비로소 하나님의 이름을 알게 된다고 가르쳤다. 하나님을 믿는 것은 그 이름을 찾아가는 여정이라는 것이다. 실제로 유대인들이 '그 이름'을 알게 되는 때가 주님의 재림의 때라고 말씀하셨다.

> 내가 너희에게 이르노니 이제부터 너희는 찬송하리로다 주의 이름으로 오시는 이여 할 때까지 나를 보지 못하리라 하시니라
> _마태복음 23:39

인간은 이름을 부르는 능력과 권세를 사명으로 받았다.

> 여호와 하나님이 흙으로 각종 들짐승과 공중의 각종 새를 지으시고 아담이 무엇이라고 부르나 보시려고 그것들을 그에게로 이끌어 가시니 아담이 각 생물을 부르는 것이 곧 그 이름이 되었더라 _창세기 2:19

이름을 부여하고 그것을 부르는 것이 사람의 사명이다. 우리는 이름을 짓고 불러서 세상 만물의 존재를 완성하는 통로가 된다. 김춘수 시인의 시처럼 "내가 그 이름을 불러주었을 때" 비로소 꽃은 꽃이 되고, 물은 물이 되고, 별은 별이 된다. 그리고 더 나아가 하나님은 하나님이 되신다.

우리는 그의 이름을 향해 나아가고, 하나님은 그 이름으로 우리에게로 오신다. 예수께서 열어주신 주기도문의 첫 기도가 "이름이 거룩히 여김을 받으소서"라는 것을 봐도 알 수 있다. 우리는 그 이름을 받은 자들이고 그 이름을 부르는 자들이다.

나는 한새사람교회 안에서는 '예슈아'라는 호칭으로 부르도록 노력하고, 외부 집회나 결혼식이나 장례식 등의 예배(이러한 배경을 알지 못하는 분들에게 혼란을 줄 수 있다)에서는 '예수님'이라는 호칭을 써왔다. 한국 교회에서도 '예슈아'라는 호칭으로 그 이름을 정성껏 불러드리는 것이 이상하지 않은 그 날이 오기를 꿈꿔본다.

어린아이들을 돌격대로

한새사람교회를 이스라엘 선교와 유대인 회복, 알리야 운동에만 포커스를 맞추는 교회라고 생각하시는 분들이 많다. 물론 우리는 이스라엘을 사랑하고 그들과 전에 원수 된 벽을 허무는 에베소서 2장의 말씀을 사명으로 받은 교회가 맞다. 그러나 이스라엘에만 초점이 맞춰져 있지는 않다. 우리가 이스라엘 못지않게 관심을 기울이는 것은 '가정'이다. 특별히 아비들의 마음이 자녀들에게로 돌이켜지고, 자녀들의 마음이 아비들을 향해 돌이켜지는 것에 힘을 쏟는 것이 또 하나의 원뉴맨 사역이라고 생각해왔다.

그래서 그런지 우리 교회에는 아이들이 참 많다. 이것이 교회의 큰 복이요 메시지다. 우리는 아이들과 함께 예배를 드린다. 어린아이들은 나팔을 불거나 깃발을 흔들며 찬양하고, 청소년들은 청년부 형이나 누나들과 함께 예배팀 보컬이나 악기

또는 미디어 사역 등으로 섬긴다. 처음엔 혼잡하고 예배에 집중하는 데 방해가 된다는 의견을 가진 분들도 있었다. 돌이켜 보면 나도 어린 시절 예배당 입구에서 부모님과 헤어지고 격리되어 예배를 드리는 게 당연한 교회를 다녔었다.

어린이들의 활기를 예배의 방해 요소로 생각한 결과는 참혹하다. 지난 20년간 한국 교회 주일학교 대부분의 부서는 70퍼센트나 수적으로 감소했다. 원했던 대로 아이들이 교회에서 사라져버린 것이다. 그래서 예배가 거룩해졌는가? 나는 그 적막이 공포스럽다. 우리 교회 예배는 아이들이 있어서 활력이 넘친다. 아이들이 방해가 되지 않냐는 질문도 있는데 아이들이 통제를 받지 않고 자유롭게 뛰어다니고 강대상 위로도 올라갔다가 엄마 아빠에게 오가는 것이 자연스럽다.

아이들을 방해가 되는 통제의 대상으로 여기지 않고 예배의 동역자로 존중하자 놀랍게도 아이들이 예배에 집중하고 예배를 즐긴다. 아이들을 가만히 앉아 있게 하고 조용히 하도록 하는 게 경건이 아니다. 나는 설교하다가도 떠드는 아이가 있으면 불러서 초콜릿을 주고, 조는 학생이 있어도 깨우지 않고 미소로 축복한다. 그러다보니 아이들이 어른들이나 목사인 나를 좋아하고 편하게 생각하는 것 같다.

때때로 이런 광경을 처음 목격하는 방문자들이 두 가지에 놀라는데, 아이들이 무척 많은 것과 그 아이들이 아무런 통제를 받지 않는데도 질서가 잡혀 있다는 데 놀란다. 아이들은 아무런 문제가 없다. 다만 어른들이 그 아이들을 자기 눈높이와 생각에 가두어 두려고 하다보면 갈등이 생기고 서로가 불만족스러워지는 것이다.

출애굽기 10장에 보면 메뚜기 재앙이 나온다. 그 때 바로는 이스라엘 백성들을 보내줄 테니, 아이들은 두고 가라고 한다. 그 이유가 굉장한데, "내가 너희와 너희의 어린 아이들을 보내면 여호와가 너희와 함께함과 같으니라 보라 그것이 너희에게는 나쁜 것이니라"(출 10:10)라고 말하고 있다. 이 구절을 직역해서 풀면 "보라 그것이 태양신 라에 대한 반역 행위다"라는 뜻이 된다.

출애굽기에 등장하는 애굽의 바로는 마지막 때 적그리스도를 상징하는 인물이다. 그는 아이들과 분리된 예배를 원한다. 그래야 예배가 힘을 잃기 때문이다. 이 완악함에 대한 재앙의 결과는 바로 메뚜기 재앙이다. 이것은 바로 다음세대의 싹을 무자비하게 삼켜버리는 재앙이다.

계시록에도 메뚜기 재앙이 나오는데 출애굽기와 그대로 연결된다.

또 황충이 연기 가운데로부터 땅 위에 나오매 그들이 땅에 있는 전갈의 권세와 같은 권세를 받았더라 _요한계시록 9:3

황충(메뚜기)은 굉장히 조직적으로 움직이며 자녀들을 먹어치우는 적그리스도의 군대이다.

팥중이가 남긴 것을 메뚜기가 먹고 메뚜기가 남긴 것을 느치가 먹고 느치가 남긴 것을 황충이 먹었도다 _요엘 1:4

요엘 선지자도 이와 같이 메뚜기떼의 여러 이름들이 조직적이고도 단계적으로 남은 것(자녀들)을 먹을 것이라고 경고하고 있다. 이에 대항하기 위해 우리는 무엇을 해야 할까? 자녀들에게 말씀을 가르쳐야 한다.

너희는 이 일을 너희 자녀에게 말하고 너희 자녀는 자기 자녀에게 말하고 그 자녀는 후세에 말할 것이니라 _요엘 1:3

말세에 적그리스도는 자녀들을 공략하는 것으로 전략을 삼고 있는데, 교회와 성도들은 여기에 어떻게 대항하고 있는가?

이스라엘을 방문하고 유대인 교회와 가정을 보면서 가장 부러운 것은 그들이 언제나 자녀들과 함께하는 것이다. 삶이 바쁘고 분주하지만 안식일이면 온 가족이 모여 식사하고 말씀을 나누는 것이 유대인들에게 가장 부러운 일이었다. 자녀들과의 연합을 통해서 우리는 제단의 불을 지킬 수 있다.

교회의 예배도 시끄럽다고 아이들을 격리시키고 부모와 분리시킬 것이 아니라, 함께 하나님을 기뻐하고 부모들이 전심으로 하나님을 예배하는 모습을 그들에게 보여주어야 한다. 그래서 우리 교회에서는 아이들을 강대상 쪽으로 불러 세우고 어른들이 어떻게 예배를 드리는지 보여준다. 이것이 굉장히 좋은 예배 교육이 된다. 어린 아이들과 젖먹이들이 선봉에 서야 대적의 군대인 황충을 이길 수 있다.

너무나 잘 갖춰진 시스템, 이길 수 없을 것 같은 콘테츠로 아이들의 예배의 싹을 먹어치우는 그 괴물들은 '잠깐', '가볍게', '언제나' 예배를 파괴한다. 청소년들이 어두운 표정으로 스마트폰만 공허하게 쳐다보는 예배처럼 끔찍한 말세의 징조가 어디 있겠는가?

우리는 중고등학생들 수련회를 하면서 모두를 예배팀으로 세워 예배 인도를 하도록 했다. 교회에 있는 마이크란 마이크는 모두 끌어모아 한 명 한 명에게 다 마이크를 쥐어준다. 노래에 영 자신이 없다는 친구는 오히려 솔로를 시켜서 하나님이 그 목소리를 받으시도록 드렸다. 기대했던 것보다 너무 잘해서 감동도 있지만, 때로는 변성기에 음치라고 생각했던 친구들이 드리는 떨리는 입술의 열매를 하나님께서 얼마나 기뻐하시는지 모른다.

악기도 그때그때 기존 예배팀 청년들이 원하는 친구들에게 가르쳐서 곁에서 도와주며 연주하게 한다. 연습이나 사역을 할 때면 꼭 치킨이나 떡볶이같이 아이들이 좋아하는 것을 함께 먹는다. 이것이 게임이나 SNS보다 더 재미있고 더 실제적인 삶이라는 것을 그들이 감각적으로 경험했으면 좋겠다는 바람 때문이다. 이렇게 함께 예배하는 것이 아비들과 자녀들이 서로에게 마음을 돌이키는 가장 중요한 문을 연다. 결국 한마음으로 만나는 지점은 우리가 같은 하나님 안에서 기뻐하고 감사하는 것이기 때문이다.

아이들이 항상 우선이고, 돌격대 역할을 한다. 그러면 하늘이 열리고 지혜와 권세가 부어진다.

그 때에 예수께서 성령으로 기뻐하시며 이르시되 천지의 주재이신 아버지여 이것을 지혜롭고 슬기 있는 자들에게는 숨기시고 어린 아이들에게는 나타내심을 감사하나이다 옳소이다 이렇게 된 것이 아버지의 뜻이니이다 _누가복음 10:21

도망가자

출애굽기를 통해 보는 이스라엘 백성들의 탈출기는 세상에 빼앗긴 아이들을 되찾는 것이 우리의 구원과 연결되어 있음을 가르쳐준다. 원뉴맨을 이루는 사명에 있어서 자녀들과 하나가 되는 것이 또 하나의 가장 큰 과제라는 것을 알게 된다. 이스라엘이 제사장으로서 또한 열방의 영적 아비로서의 사명을 회복하고, 이방과 서로 사랑하며 마음을 돌이키는 것은 실제적으로 우리의 가정에서부터 이루어가야 한다는 생각을 하게 된다.

"도망가자 어디든 가야 할 것만 같아 넌 금방이라도 울 것 같아 괜찮아 우리 가자 걱정은 잠시 내려놓고 대신 가볍게 짐을 챙기자…" 선우정아라는 가수의 '도망가자'라는 노랫말의 일부이다. 나는 이 노래를 듣고 우리 아이들이 생각났다. 나는 바쁘고 힘든 사역의 과정에서 아이들과의 시간을 모두 빼앗긴 목회자 가정의 자녀들을 신학교에서 많이 만났다. 그들을 PK(Pastor's Kids)라고 부르곤 했는데, 약간 문제가 있는 부류로 여겨지기도 해서 그런 별칭이 붙었던 것 같다. 그들은 목회자인 아버지에 대한 존경과 증오, 상처와 사랑의 뒤섞임 속에 있는 것처럼 보였다.

당시의 나도 바쁜 게 미덕인 한국 교회에서 사역하며 아이들과 함께하는 시간을 희생하는 것이 마치 하나님께 헌신하는 것처럼 생각하기도 했었다. 그게 아무리 대단한 열매를 맺는다 해도 나는 거기서부터 도망가고 싶었다.

아이들 교육에 대해서는 이것이 꼭 정답이라고 할 수 있는 길은 없을 것이다. 그러나 분명한 건 우리가 자녀를 양육하는 교육의 방식에는 우리 자신의 삶의 가치와 목적이 담겨 있다는 것이다. 중요한 것은 아이가 어떤 사람으로 자라느냐는 결과보다 이 아이들과 함께 있는 것이라고 생각한다.

세대가 분열되고 서로에 대한 막연한 상처와 반감을 가지는 것에서 함께 예배할 수 있는 광야로 도망치는 것이 출애굽이다. 노예로 살 때는 가장 소중한 것을 쓸데없이 바쁘고 중한 노동에 빼앗긴다. 출애굽 사건은 "애들은 두고 가"라는 바로의 부당한 요구로부터 도망치는 일이었다. 그리고 열 가지 재앙의 마지막에 장자(長子)의 죽음을 면하게 된 이스라엘 백성들은 그들의 장자를 하나님께 드리게 된다.

> 처음 태어난 자는 다 내 것임은 내가 애굽 땅에서 그 처음 태어난 자를 다 죽이던 날에 이스라엘의 처음 태어난 자는 사람이나 짐승을 다 거룩하게 구별하였음이니 그들은 내 것이 될 것임이니라 나는 여호와이니라 _민수기 3:13

'아들이 죽지 않고 살아서 다행이다'라는 생각에 머물러서는 안 된다. 출애굽은 분명 장자의 생명에 대한 소유권이 바로에서 하나님께로 바뀌는 사건이었다.

한 새사람의 집은 이스라엘과 이방의 연합이라는 하나의 기둥과 함께 세대와 세대의 연합이라는 두 기둥으로 세워진다. 자녀들을 미래를 위해 현재를 희생해 갈아넣는 미래 자산으로 생각하는 것이 아니라 현재의 동역자로서 인정하고 세우는 것이 중요하다. 광야에서 성막의 완성과 함께 제사장 위임식이 열리는데, 우리가 아는 제사장은 아론뿐이지만 실은 '아론과 그의 아들들'이 함께 제사장으로 기름부으심을 받고 세워졌다.

> 너는 아론과 그의 아들들에게 기름을 발라 그들을 거룩하게 하고 그들이 내게 제사장 직분을 행하게 하고 _출애굽기 30:30

나의 부르심은 나의 자녀들에 대한 부르심과 함께 이루어져 있다는 것이다. 사명의 공동체가 바로 아버지와 아들의 관계라는 것이다. 이 아이가 커서 무슨 직업을 갖고 어떤 사람이 되느냐 하는 것보다 중요한 것이 바로 현재 하나님의 일을 같이 해나가는 것이다.

첫째 아들이 초등학교 병설유치원에 다니게 된 후 어느 날 아내가 나에게 줄넘기를 쥐어주면서 "오늘 안에 얘가 줄넘기를 할 수 있게 같이 도와줘요"라고 다급하게 말했다. 유치원에서 내일부터 줄넘기 수업을 하는데 반에서 우리 아이만 못 하면 안 된다는 거였다. 나는 당시 살던 연립주택 건물 옥상으로 아이와 같이 올라가 줄넘기를 시켰는데, 줄과 몸이 따로 노는 심각한 상태였다. 오늘 중으로 줄넘기가 가능할까 싶었다. 그래도 학교 유치원에서부터 뒤처질 수 없다는 생각에 일단 줄을 바닥에 그대로 두고 두 발로 점프해서 넘는 것부터 해보기로 방법을 바꾸었다. 아무리 말로 설명하고 몸으로 시범을 보여도 아이는 두 발을 모아 뛰지 못하고 한 발이 먼저 나가고 뒷발이 따라오다 줄에 걸리기를 반복했다. 나도 약이 오르고 아이는 힘이 빠지는데 내가 크게 소리를 질렀다.

"야! 좀 넘어! 이 줄 하나 왜 못 넘니…."

아이는 울상이 되어 줄넘기는커녕 가만히 있는 줄도 못 넘는 자신의 한계를 처음으로 직면하고 있었다. 그때 나는 무언가 깨달음이 있었는데, 이 아이의 한계와 신체적 발달 정도가 '다른 아이들'이라는 비교 대상에 의해 한번에 무시되고, 어떻게 해서든 그 줄을 넘어야 한다는 공교육의 한계를 본 것 같았다. 나는 조용히 줄넘기를 집어 들었다.

"내려가자… 이런 줄넘기, 못해도 괜찮아. 아빠가 미안해."

나는 아이와 함께 집으로 내려왔다. 줄넘기가 어느 정도 되었는지 궁금해하는 아내에게 말했다.

"우리 그 줄을 넘으라고 하는 학교에 아이를 보내지 맙시다."

줄넘기가 안 좋은 것도 아니고 학교가 문제인 것도 아니지만, 앞으로 학교라는 사회에서 받게 될 이런 종류의 압력을 아이에게 강요하기보다는 하나님 말씀 안에서 같이 즐겁고 친하게 지내면서 부르신 예배를 함께 드리는 삶을 살면 더 좋을 것 같았다. 나는 기존 교육에 대한 불신과 실망감 대신 더 좋은 양육의 길이 있다고 생각하게 되었다.

한 새사람의 부르심에 순종하면서 우리가 이제껏 구축해왔던 세계에서 막상 떠나기 시작하면 그곳에 참 자유와 기쁨이 있다는 것을 삶으로 경험해보았기 때문에 홈스쿨링을 하며 아이 셋을 키우게 되었다.

홈스쿨링에 대한 가장 큰 걱정은 '그러면 국영수는 어떻게 하냐?'는 거였다. 홈스쿨링은 세상의 룰과 틀에 아이를 맞추지 않고, 이 아이를 향한 하나님의 고유한 부르심과 특별한 개성을 존중하면서 특별히 부모와 자녀가 함께 지내는 그 자체를 목적으로 삼는 것이지, 나중에 명문대에 진학하기 위한 또 다른 대안은 아니다. 그런 학업의 기술은 필요하면 아이가 스스로 갖추어 가면 될 일이고, 오히려 세상의 기업들도 획일화된 코스를 이수한 순응적인 직원을 찾기보다는 특별한 스토리를 가진 창의적인 인재를 찾는 시대가 되어가고 있기 때문에 오히려 더 좋은 점이 많은 것 같다.

가장 좋은 점은 아이들이 어두워지지 않았다는 것이다. 획일한 기준선 아래로 비교당하지 않고, 자신이 재미있고 함께 하나님의 기쁨이 되는 일을 하자는 생각으로 시작한 자녀들과의 연합은 한 새사람 사역의 중요한 부분이다. 나는 금요일 저녁에 가정에서 아이들과 삶을 나누는 샤밧예배를 함께 드린다. 그리고 대부분의 예배에 함께한다. 외부 집회가 있으면 일부러 함께 간다. 아이들이 학교나 학원 스케줄로 바쁘지 않기 때문에 가능한 일이다.

첫째는 예배팀에서 일렉 기타를 치고, 책을 좋아하는 둘째는 하루 종일 도서관에서 자기가 흥미롭게 생각하는 책들을 읽는다. 예배 시간에는 맨 앞자리에 앉아 설교를 흥미있게 들고 집으로 돌아오는 길에 궁금한 점들을 질문하거나 잘못된 점을 수정해주기도 한다. 운동을 좋아하는 셋째는 지역 스포츠 센터에서 농구며 각종 운동들을 하면서 예배 때는 영상을 중계하며 카메라맨으로 섬기고 있다. 이렇게 한 팀으로 사역하는 것이 하나님의 부르심에 응답하는 길이라고 믿는다. 아이들의 미래도 중요하지만 그들의 현재를 희생시키는 미래를 강요하는 것은 한 새사람의 연합을 파괴한다.

예배와 함께함을 가장 온전히 이루는 시간은 바로 샤밧(안식일)이다. 유대인들에게 배워야 할 가장 소중한 삶의 문화는 바로 안식일에 자녀들과 함께하는 식탁이다. 일단 모든 바쁜 일들에서 빠져나와 가장 중요한 것을 되찾기 위해 시간의 장막을 세우는 것이 안식일이다. 우리가 갈망해야 할 것을 대신했던 탐욕과 분주함, 거기에 빼앗긴 가장 소중한 것들을 다시 되찾는 시간의 기술이 바로 안식일이다.

안식일을 지킨다고 하면 "우리가 안식교냐?"라는 원초적인 질문이 안 나올 수 없다. 그런데 안식일도 로마 미트라교의 태양신 예배일인 일요일로 바꾸어버렸다. 콘스탄티누스는 죽을 때까지 미트라교 최고 제사장직을 계속 유지하며 '폰티펙스 막시무스'(Pontifex Maximus)라는 미트라교의 최고 제사장으로 불렸다. "안식일을 거룩하게 지키라"는 계명은 주일성수라는 전통으로 바뀌게 되었다.

생각해보면 우리의 주일성수는 '안식'에 초점이 맞춰져 있기보다는 예배 참석과 함께 여러 바쁜 사역들에 헌신하는 것이라는 생각이 지배적이다. 그래서 우리에게는 '안식일의 회복'이 더욱 필요하다. 그렇다고 주일예배를 전면적으로 폐하고 안식일 예배로 돌아가는 것이 맞는 것일까? 초대 교회에서는 안식 후 첫날에 모여서 함께 예배하는 전통을 세워 나갔다. 안식일이 토요일이니까 안식 후 첫날은 당연히 일요일이다. 그렇다면 주일예배를 굳이 폐하지 않고도 샤밧을 회복할 수 있다는 것을 알게 된다.

유대인들은 지금도 금요일 저녁에 가족들이 한 식탁에 모여 함께 말씀과 삶을 나누며 촛대에 불을 밝히고 샤밧식사를 한다. 그리고 다음날 아침 여유롭게 회당으로 걸어가 이웃들과 함께 예배를 드린다. 가정의 제단과 교회의 제단이 서로 유기적으로 맞물려 있는 것이다. 한국 교회도 구역이나 셀 등의 소그룹 공동체 모임 등을 전체 예배와 교회 공동체와 함께 두 날개로 삼는 것에 많은 힘을 기울여왔다. 하지만 아무래도 가족들이나 자녀들은 오히려 이런 공동체 모임에서 소외될 수 있기 때문에 안식일의 전통을 받아들이는 것은 큰 유익이 있다.

한새사람교회에서는 안식일이라는 시간의 장막을 거룩하게 세우는 것과 안식 후 첫날의 모임에 둘 다 큰 유익이 있으며 우리가 충분히 누릴 수 있음을 알게 되었다. 실제로 우리는 금요일 저녁에 가족들이 가정의 제단을 세우고 촛불 두 개를 켜 놓고 그 주의 말씀으로 오순도순 이야기도 하고 맛있는 음식도 먹는다. 다음날인 토요일 아침에는 교회에서 모여 공동체 샤밧예배를 드린다. 공동체 예배는 빵과 과일 등을 준비해서 함께 먹으면서 교제하고 삶을 나누는 것을 중심으로 하는데, 앞서 경배와 찬양도 하고 말씀도 간략하게 나눈다.

주일예배는 일반적인 교회들의 주일예배와 같이 드리지만 자녀들과 함께한다. 설교 시간에 어린 아이들은 원하면 다른 공간에 가서 그 주에 배웠던 토라 포션을 주제로 만들기 놀이를 한다. 토요일 오후에 아이들이 모여 샤밧학교를 한다. 성도들이 재능과 시간을 헌신해서 아이들과 재미있는 놀이나 숲 탐험, 텃밭 가꾸기, 만들기 공예 등을 하는데 아이들이 너무 좋아하고 내용도 정말 좋다.

세상의 기준으로 아이들이 장래에 잘 되고 안 되고는 중요한 일이 아니다. 그것을 목적으로 삼는 순간 가장 중요한 것을 놓치게 될 수 있다. 우리는 아이들이 사라진 세상에서 빠져나와 함께 즐거운 마음을 서로에게로 돌이키는 세상을 향해 가자.

네 집 안방에 있는 네 아내는 결실한 포도나무 같으며 네 식탁에 둘러 앉은 자식들은 어린 감람나무 같으리로다 _시편 128:3

왜 하필 이스라엘이야?

어느 날 중학생인 아들이 물었다.

"왜 하필 이스라엘이야? 그 나라만 중요한 건 아니지 않아? 중국은 인구가 더 많고, 미국은 가장 강한 나라고⋯."

'한 새사람'에 대한 근본적인 질문이었다. 왜 하필이면 이스라엘인지, 이것을 중학생인 내 아들에게 쉽게 잘 설명할 수 있으면 좋겠지만, 지구 온난화나 빈부의 불평등과 같이 총체적으로 크고 전 세계와 우주가 얽혀 있는 이야기라서 어디서부터 어떻게 풀어나가야 할지 막막했다. 설명하자면 너무 장황해져서 분명 지루함에 길을 잃게 될 게 뻔해 보였기 때문이다.

바울은 로마서에서 접붙임을 위한 감람나무 이야기로 풀어간다. 원래 언약의 적자(嫡子)였던 이스라엘이 참감람나무인데 돌감람나무인 이방을 언약에 접붙이기 위해서 이스라엘이라는 가지를 꺾어버리고 이방 교회를 붙였다는 것이다. 그래서 이방인들이 이스라엘의 하나님을 자기들의 하나님으로 받아들이고, 이스라엘 백성들에게 주신 말씀을 자신들에게 주신 말씀으로 받게 되었다는 것이다. 간단하게 나뭇가지 그림이 그려지는 설명이다.

또한 가지 얼마가 꺾이었는데 돌감람나무인 네가 그들 중에 접붙임이 되어 참감람나무 뿌리의 진액을 함께 받는 자가 되었은즉 _로마서 11:17

여기까지 설명하자 아들이 말했다.

"그럼 이스라엘은 꺾어서 버린 거야?"

"아니, 이스라엘은 잠시 그렇게 꺾였지만 이방이 성공적으로 접붙임을 받으면 그때 원래 자리로 다시 접붙임을 받게 되는 거야."

그들도 믿지 아니하는 데 머무르지 아니하면 접붙임을 받으리니 이는 그들을 접붙이실 능력이 하나님께 있음이라 _로마서 11:23

"음… 근데 우리가 왜 이스라엘의 회복을 위해 노력을 해야 하는 거야? 하나님이 때가 되면 회복하시는 거 아니야?"

아들은 당연하게 생각나는 질문을 이어갔다.

"그렇지. 하나님이 회복하실 건데, 그걸 이번에는 우리가 좀 도와야지. 우리가 믿음을 갖게 된 건 이스라엘에게 많은 빚을 졌기 때문이야."

"무슨 빚을 졌어? 우리가?"

"우선은 초대 교회에서 복음을 이방인들에게로 가지고 나온 바울이나 베드로 같은 사도들이 다 유대인들이었지…. 그리고 예수님도 유대인이었고, 그 사람들이 말씀을 듣고 기록한 게 성경이니까 복음에 대해서 빚을 졌지…."

"그렇긴 한데… 딱히 와닿진 않네. 그렇게 고맙다는 생각은 안 들어… 성경에 보면 이스라엘 백성들이 참 못되고 교만하게 나오잖아."

고맙게도 아들의 질문은 멈추지 않았다. 아이들의 사명은 질문하는 것이라고 가르쳐왔기 때문에 간혹 예리하고 멈추지 않는 질문을 이어갈 때가 많다. 학창 시절 교실에서는 전체의 시간을 빼앗는 개인의 질문은 소중히 생각되지 못한 채 버려지기 일쑤였다. "쓸데없는 질문하지 마"라는 말은 교실에서 흔히 듣는 타박 중 하나였다. 지금은 좀 달라졌을까?

아들의 질문에 대해 잠시 생각을 정리할 시간을 벌기 위해 내가 자주 쓰는 방법은 "너는 어떻게 생각하는데?"라는 질문반사다.

"글쎄, 유대인들은 똑똑하긴 하지만 좀 못된 건 맞는 것 같아."

"그래? 왜? 아빠는 우리나 그 사람들이나 크게 다른 거 같진 않은데…."

"그래도 하나님이 우상 숭배하지 말라고 했는데 대놓고 했잖아. 그래서 망했는데 돌아와서 또 그러고… 완전 못된 거 아니야?"

"그래. 그것도 유대인들의 유익이야. 그 사람들이 우리 앞에서 먼저 넘어진 게 우리한텐 본보기가 되는 거지. 원래 첫째는 시행착오가 많잖아. 형을 보면 알 수 있지? 하하하!"

"아빠는 은근히 디스한다니까! 근데 이해가 팍팍 되네. 하하하!"

자기 얘기하는지 알고 첫째도 방에서 어슬렁거리며 나온다.

"근데 여기에 놀라운 비밀 하나가 숨겨져 있다네?"

"뭔데? 비밀이?"

"아빠가 전에 얘기했지? 이스라엘은 반지의 제왕의 절대반지 같은 거라고. 모든 강력한 제국들이 그 반지같이 생긴 땅과 나라를 점령하려고 온갖 애를 썼다는 거야. 왜냐면 이스라엘은 작고 별다른 자원도 없지만, 유럽과 아시아와 아프리카를 잇는 매듭 같은 위치에 있어서 세계 정복을 위해서 아주 중요했거든."

아이들은 역시 판타지, 추리 같은 걸 좋아해서 뭔가를 설명하려면 장르를 이런 쪽으로 가져가면 좋다. 유대인들은 아이들과 함께하고 아이들에게 잘 보이기 위해 어른들이 애를 많이 쓴다. 바쁘다고 귀찮아하지 않고 아이들과 더 오래 함께 대화하고 시간을 갖기 위해 달콤한 간식을 동원하기도 하고, 판타지 이야기를 지어내기도 하고, 보드게임처럼 가족들이 함께 할 수 있는 놀이를 즐기기도 한다. 뭘 가르치고 정보를 주겠다는 것보다 이런 주제를 갖고 함께 이야기하는 게 더 귀하기 때문이다. 정보야 얼마나 쉽게 알아낼 수 있는 세상인가?

"그래서, 이스라엘의 멸망과 넘어지는 것에 하나님은 어떤 비밀을 숨겨놓으셨는데, 마치 낚시할 때 쓰는 미끼처럼 하나님의 백성과 나라가 멸망하는 게 오히려 대적의 나라를 완전히 무너뜨리고 하나님의 나라를 온 세계에 이루는 데 사용하신 거야. 그 이스라엘의 멸망이…."

"에이, 그냥 강한 제국에 약한 이스라엘이 멸망한 거잖아."

"겉으로 보기엔 당연히 그렇지. 근데 그들의 멸망은 오히려 반전이 있다니까? 십자가에서 하나님의 아들을 죽였다고 승리에 도취되어 있던 마귀는 사흘 후에 자기가 미끼를 콱 물었다는 걸 알게 되고, 죄와 사망의 권세를 잃어버린 것에 분개했겠지. 마찬가지로 마치 하나님의 나라가 멸망한 것처럼 보인 이스라엘의 패망은 오히려 온 세계에 복음이 퍼져나가는 반전의 승리로 이어져."

그러므로 내가 말하노니 그들이 넘어지기까지 실족하였느냐 그럴 수 없느니라 그들이 넘어짐으로 구원이 이방인에게 이르러 이스라엘로 시기나게 함이니라 그들의 넘어짐이 세상의 풍성함이 되며 그들의 실패가 이방인의 풍성함이 되거든 하물며 그들의 충만함이리요 _로마서 11:11-12

"음… 근데 이상한 게 아빠, 왜 세계는 이후에도 유대인들을 그렇게 미워했어? 지금도 좀 그 사람들에 대해서 안 좋게 생각하지 않아?"

맨날 동네 도서관에 가서 하루 종일 나올 생각을 않는 둘째 아들이 질문을 이어간다. 팔레스타인과 이스라엘이 관련된 만화책을 봤는데 이스라엘이 정말 못된 나라로 나오더라는 것이다.

"그래, 그렇게 자꾸 이스라엘을 미워하게 하고 원수 맺게 하는 게 대적이 하는 일이지. 오랫동안 성공해왔던 그 주술을 끊은 게 예수님의 십자가 사건이라고. 대적이 가장 열심히 하는 일이 형제가 서로 원수 되게 하는 거야. 그러니까 너희도 형제

215

사랑을 대적에게 빼앗기지 마!"

> 보라 형제가 연합하여 동거함이 어찌 그리 선하고 아름다운고 머리에 있는 보배로운 기름이 수염 곧 아론의 수염에 흘러서 그의 옷깃까지 내림 같고 헐몬의 이슬이 시온의 산들에 내림 같도다 거기서 여호와께서 복을 명령하셨나니 곧 영생이로다 _시편 133:1-3

가인과 아벨로부터 시작된 형제의 불화는 이삭을 희롱했던 이스마엘과 야곱을 죽이려 했던 에서의 분노로 이어져서 오늘날까지 원수 맺음의 주술로 작용하는데, 성경은 예수께서 이것을 깨뜨리시고 전에 원수였던 에서의 후손들이 세운 나라인 '에돔의 남은 자'들이 돌아와서 함께 한 장막에서 드리는 예배가 회복될 것이라고 예언한다. 우리가 이스라엘과 한 장막에서 드리게 될 예배를 성경은 '다윗의 장막 예배'라고 표현하고 있다.

> 그 날에 내가 다윗의 무너진 장막을 일으키고 그것들의 틈을 막으며 그 허물어진 것을 일으켜서 옛적과 같이 세우고 그들이 에돔의 남은 자와 내 이름으로 일컫는 만국을 기업으로 얻게 하리라 이 일을 행하시는 여호와의 말씀이니라 _아모스 9:11-12

이 비밀이 **크도다**

그러므로 사람이 부모를 떠나 그의 아내와 합하여 그 둘이 한 육
체가 될지니 이 비밀이 크도다 나는 그리스도와 교회에 대하여
말하노라 _에베소서 5:31-32

이 비밀에 대해 말하는 에베소서의 본문은 주로 결혼식 주례
설교의 본문으로 많이 쓰인다. 그런데 에베소서는 '한 새사람'
에 대한 분명한 비밀이 남자와 여자가 하나가 되는 부부의 관
계와 같은 것이라고 밝히고 있다.

나와 아내는 주일학교 친구로 만났는데 35년 넘게 친구 같
은 사이로 지낸다. 아직까지 한 번도 언성을 높여 싸우거나
큰 의견 대립으로 오래 갈등의 골이 깊었던 적이 없었다. 한때
나는 그 이유가 나의 온유한 성품 때문이었다고 생각했었다.
그러나 세월이 지나면서 그게 아내가 묵묵히 짊어진 십자가

때문이었다는 것을 알게 되었다.

우리는 원래 교회에서 만난 동갑내기 친구였기 때문에 격이 없는 관계가 될 수 있었지만, 항상 예의를 갖춰서 대화한다. 언어는 생각의 재료이기 때문에 결혼하면서부터 서로에게 존댓말을 하기 시작했다. 처음에는 장난하는 것처럼 어색했지만, 이제는 이 존댓말 덕분에 삶을 지킬 수 있었다고 말할 수 있을 만큼 부부간의 언어는 굉장히 중요하다. 같은 말이어도 미묘한 뉘앙스나 태도에 따라 완전히 뜻이 달라지기 때문이다.

결혼한 지 5년 남짓 되었을 때였다. 먼저 화장실에서 양치를 하고 나온 나에게 아내가 "여보! 당신이 처음으로 칫솔을 제자리에 꽂아 놓았네요!"라며 환하게 웃으며 나오는 게 아닌가. 내가 양치 후 아무렇게나 칫솔을 두면 아내가 아무 말 없이 제자리에 칫솔을 꽂아두었던 것이다. 자그마치 5년을 그렇게 지내다가 내가 한 번 칫솔을 제자리에 꽂은 일로 칭찬해준 것이다. 칫솔 좀 제자리에 꽂을 수 없겠냐고 소리를 지를 법도 하건만 아내는 그간 말 없이 내가 이렇게 모처럼 잘하는 날을 기다려 자신의 의견을 전한 것이다.

둘이 하나가 되는 연합이 잘 안 되는 이유는 이것을 자꾸 동등한 관계에서 해보려 하기 때문이다. 사랑해서 하나가 되는 것은 누군가가 완전히 죽고 지는 이야기를 통해 이루어지는 것이다. 우리는 관계에서 동등하고 평등한 관계에서 누구도 손해 보는 일 없이 연합할 수 있다고 생각하지만, 그런 관계는 너무 위태해서 어긋나 무너지기가 너무 쉽다.

그리스도와 교회의 관계를 "부모를 떠나 둘이 하나가 되는 것"이라고 정의한 바울의 표현은 천재적이다. 예수 십자가는 하나가 되기 위한 자기부정과 희생이었다. 그분이 죽으셨기 때문에 내가 살았고, 그분이 부활하셨기 때문에 우리는 하나가 되었다. 부모는 피가 섞여 있으므로 완벽한 타인은 아니다. 그러나 남편과 아내는 우리가 마주한 완벽한 타인이자 삶에 주어진 가장 높은 과제이다.

가난한 전도사와 결혼한 아내는 10년 넘게 잘 다니던 회사도 그만두고 교회와 가정을 위해 헌신했는데, 내가 한 새사람의 부르심이 있어서 사역하던 교회를 사임하고 개척을 해야겠다고 말하자 그것을 선뜻 쉽게 받아들이기 어려워했다. 그래도 남편을 부르신 하나님의 음성이라면 아내인 자신에게도 있지 않겠나 하는 믿음으로 기도하면서 기다려주었다. 나야 하나님의 음성을 들었다고 흥분해서 즉각 순종하였으니 아내의 마음이 얼마나 답답했을지 짐작도 하지 못했다.

그런 가운데 아내는 하나님께 "하나님은 강대위 목사의 하나님만 되시고 나의 하나님은 아니신가요?"라는 원망도 했다고 한다. 어린 아들 둘에 갓 태어난 아기까지 정신없는 육아에, 가정에서 개척한 교회를 치우고 밥을 준비하는 모든 일들을 하면서도 하나님이 열어주실 마음에 대한 기대로 기도하던 아내는 내가 처음 이스라엘에 대한 마음을 말했을 때 의외로 담담했다. 마치 올 것이 왔다는 느낌이었다.

그 당시 사역하던 교회의 부목사 사모들과 정기적으로 기도 모임을 가졌는데 북한 주민들을 위해 기도하다가 갑자기 어떤 사모가 이스라엘을 위해 기도하자고 했다는 거였다. 그래서 별 생각 없이 이스라엘을 위해 기도를 시작하는데 갑자기 성령께서 강하게 임하셔서 너무 뜨거운 방언이 터져 나왔고 눈에 실핏줄이 터져 벌겋게 될 정도로 세게 기도를 하게 되었다고 했다. 아내는 조용하고 이성적인 편이어서 기도를 세게 하거나 폭발적인 방언으로 기도하는 일이 거의 없는 사람이었는데, 자기가 생각지도 못했던 이스라엘을 위해 그렇게 뜨겁게 기도하는 자신의 모습에 충격을 받았다는 거였다.

그런데 마침 내가 앞으로 이스라엘의 회복을 위해 헌신해야겠다는 말을 하자 왜 성령께서 그렇게 강하게 기도를 시키셨는지를 알았다는 것이다. 성령께서는 이렇게 교통(交通, 코이노니아)을 주신다. 코이노니아의 헬라어는 "반려자와의 교감"을 뜻하는데, 오늘날에 '반려'는 동물에게만 쓰는 것 같아 안타깝다. 한 성령께서 나와 아내에게 동일하게 역사하고 부르고 계셨던 것이다.

개척한 그 해 성도들과 함께 들어간 이스라엘의 여정 속에서 아내는 말할 수 없는 탄식을 느꼈다고 했다. 예수님의 땅에 정작 그분의 어떤 모습도 찾기 어려운 안타까운 아픔을 자신의 감각으로 느끼기 시작한 것이다. 아내는 남편인 나를 통해서 주시는 하나님의 말씀을 좋아하고 많이 배우는데 틈만 나면 내가 했던 설교를 틀어놓고 집안일을 하거나 잠을 청한다. 이렇게 조금씩 열리고 부어진 하나님의 마음이 이제는 아내를 통해 주변으로 흘러가고 있다. 이스라엘에 대해 늘 애통함으로 기도하는 귀한 중보와 어린 아이들에게 토라 포션을 가르치는 사역도 열심으로 하고 있다.

그동안 재정적으로도 어려움이 많았고 작은 교회이지만 큰 사명을 품고 있는 교회의 사모로서 여러 힘든 일들이 많아 스트레스도 이만저만이 아니었지만 고비고비마다 하나님이 주신 응답과 간증의 고백으로 돌파해 나가는 모습을 보며 강인한 용사와 같은 현숙한 여인을 떠올린다. 예언적 신부의 모델인 '현숙한 여인'은 '하일 잇샤'라는 히브리어로 원래의 뜻은 "권능이 있는 여자"라는 의미이다. 그 신부는 오랜 전통과 관습에 있는 조용하고 신중한 여성의 이미지를 깨고, 팔을 걷어붙이고 가족과 공동체를 위해 천을 짜고 무역을 하는 대장부와 같은 모습으로 등장한다.

> 그런 자의 남편의 마음은 그를 믿나니 산업이 핍절하지 아니하
> 겠으며 … 힘 있게 허리를 묶으며 자기의 팔을 강하게 하며 _잠언
> 31:11,17

잠언의 이 '현숙한 여인' 덕분에 "산업이 핍절하지 않는다"라
고 했는데 '산업'으로 번역된 말을 직역하면 "탈취물, 노략물"
이다. 적에게 빼앗겼던 것을 다시 되찾아 오기 위해 허리를 힘
있게 묶고 팔을 강하게 하는 신부는 전사의 모습으로 묘사된
다. 이것이 신부됨의 본질이다. 나는 아내에게서 용맹함과 아
름다움을 동시에 갖춘 신부의 모습을 종종 느낀다.

부부가 함께 한마음으로 동역할 수 있다면 그것이 그리스
도의 몸이 하나가 되는 공동체의 시작과 끝이 될 수 있을 것이
다. 이해하기 이전에 먼저 신뢰하고, 알기 전에 먼저 느끼는 것
이 한 몸 됨의 기적이다. 나는 아내를 존중하고 아내는 남편
인 나를 존경하는 기적이 지속되는 것도 한 새사람의 은혜라
고 생각한다.

그런데 둘이 하나가 되는 조건의 하나는 "부모를 떠나는"
것이다. 우리도 혼인한 여성을 '출가외인'이라고 불렀는데 굉
장히 성경적인 공통점을 갖고 있다. 부모는 나를 낳아주고 돌

보며 길러주는 은인인데, 이제는 거기서 독립하여 내가 누군
가를 사랑하며 져주고 돌보며 기르는 일을 하기 시작하는 것
이다. 그렇게 해야 할 때가 되면 사람은 부모를 떠나 결혼이
라는 것을 한다. 이처럼 신앙의 여정에 있어서 우리는 하나님
의 돌보심에 의지하기만 했던 단계를 떠나 이제는 그리스도의
동역자로서 함께 언약을 이루어가는 관계로 나아가야 한다.
성숙한 그리스도인들이 나아가야 할 다음 단계가 분명히 있
는 것이다.

이 부르심에 응답하기 위해 아름다운 신부의 단장이 한국
교회의 성도들에게 있기를 소망한다. 또한 이스라엘과의 연합
도 부부의 사랑과 우정처럼 그렇게 연결되고 연합되기를 기대
하는 것이다. 서로가 없이는 살아갈 수 없는, 필요와 이해를
넘어서는 사랑의 친밀함이 우리를 한 새사람으로 만들어갈 것
이다.

잠긴 문을 **여는 법**

몇 년 전 우리 교회 성도들과 비전트립으로 이스라엘 하이파에 갔을 때였다. 함께 간 우리 교회 형제들과 함께 숙소에 묵었는데, 저먼퀴터라고 독일계 유대인들이 정착하면서 형성된 지역으로 고풍스럽고 오래된 건물들을 자연스럽게 레스토랑이나 카페로 쓰고 있는, 그런 종류의 건물에 들어선 숙소에 묵게 되었다. 호텔이 아니고 큰 방 한 개를 같이 쓰는 도미토리 형태의 공동 숙소였다. 숙소 앞에서 전화를 하고 한참을 기다리자 관리인이 잠에서 덜 깬 얼굴로 천천히 걸어오더니 키를 한 개 주면서 "너희 꽤 늦게 도착했다"라고 말했다. 텔아비브 공항에 늦은 밤 도착하여 짐을 찾고 렌트카를 빌려서 오느라 새벽 1시가 넘은 시간이었다.

오랜 비행 끝에 도착한 이스라엘의 첫 숙소에서 막 잠이 들었는데 난감한 일이 생겼다. D집사님이 화장실에 갇혀서 나오지 못하고 있다는 거였다. 부랴부랴 방 안에 있는 화장실 문 앞에 가보니 정말 문이 잠겨 열리지 않아 난감한 상황이었다. 문은 안쪽에서 잠글 수 있고 밖에선 골동품같이 생긴 커다란 열쇠 구멍으로 열쇠를 넣어 돌려서 열도록 되어 있는 오래된 문이었다. 오래된 독일식 석조건물의 문은 너무 견고하고 두터워서 안쪽에 있는 사람에게 들릴 정도로 말하려면 정말 크게 소리를 질러야 했다.

손잡이와 잠금장치를 이리저리 돌려보고 밖에서도 커다란 열쇠를 돌려가며 손잡이를 앞뒤로 밀어보았지만 소용이 없었다. 안에 있던 형제는 냉방이 되지 않는 덥고 답답한 화장실에서 꽤 오랜 시간 갇혀 있다보니 패닉 상태에 이를 지경이었다. "너무 더워요, 빨리 나가게 해주세요"라고 하던 목소리에 힘이 빠져가는 게 느껴졌다. 관리인은 잠들었는지 전화를 해도 받지 않았고 급기야 몸으로 밀어도 보고 발로 차보기도 했지만 견고한 손잡이는 결코 열리지 않을 것 같았다.

밖에서 애타게 문을 열어보려고 하던 나와 형제들도 어느새 지쳐갈 무렵 이제는 기도밖에는 없다고 생각되어 간절하게 하나님께 기도하기 시작했다. '어쩌다 이스라엘에 도착한 첫날부터 이런 시련을 주시는지, 이스라엘은 첫인상이 중요한데 어렵게 직장에서 휴가를 받아서 온 첫 여정의 시작이 이렇게 황망할 수가 있는지….' 많은 생각이 들었지만 우선은 이 견고한

문이 열리길 기도하는 수밖에 없었다.

기도의 끝에는 늘 평안한 숨이 내쉬어진다. 기도는 항상 흐름을 바꾸는 힘이 있다. 울지도 못할 상황 속에서 밖에 있는 형제들이 손을 들어 기도하기 시작했고, 안쪽에 있는 형제도 흥분을 가라앉히고 기도를 했다. 그런 가운데 눈을 들어 가만히 문을 보니 분명히 우리는 열쇠를 갖고 있고 이 열쇠는 문을 열 수 있도록 만들어졌다는 것을 생각하게 되었다.

'그래, 우리는 이미 열쇠를 갖고 있어….'

숨을 들이마시고 천천히 내쉬며 열쇠를 돌렸다. '딸깍' 하는 소리가 났지만 역시 문은 열리지 않았다. 순간 성령님이 주신 생각을 따라 같은 방향으로 한 바퀴를 더 돌려보았다. 놀랍고 허무하게도 오랜 시간 동안 열리지 않던 그 문이 스르르 열렸다. 문은 이중 잠금처럼 한 바퀴를 더 돌려야 열 수 있었던 것이다. 땀투성이로 지쳐버린 형제님과 감격의 상봉을 하고 우리는 그 문의 안쪽과 바깥쪽 모두 같은 방향으로 두 번 돌려야 열린다는 것을 그제야 알게 되었다.

침대에 누운 새벽녘 창밖이 밝아오고 있었다. 이스라엘을 향해 굳게 닫힌 문처럼 우리는 그 언약에 대하여 너무 단순하게 열리지 않는다고 결론 내어왔다는 것을 생각하게 하시는 것 같았다. 성경을 내 경험과 지식으로 볼 때 열리지 않았던 이스라엘에 대해 더 깊숙한 언약의 문이 이중으로 걸려 있다는 것이다.

우선 우리가 이제껏 알고 있던 이스라엘에 대한 지식과 규정은, 이스라엘이 교회와 성도들에 대한 비유적인 메시지를 위한 성경의 역사적 장치라는 것이다. 이스라엘 백성의 출애굽 이야기도, 하나님을 배반하고 바알을 섬기다 멸망해버린 목이 곧은 백성들이 포로로 끌려가는 이야기도, 모두 우리를 위한 비유적 이야기로 이해해왔던 것이다. 이렇게 해석하는 것이 잘못된 것은 아니다. 그렇지만 그럼에도 이것만으로는 언약의 문을 절대 열 수 없는 것이다.

그들에게 일어난 이런 일은 본보기가 되고 또한 말세를 만난 우리를 깨우치기 위하여 기록되었느니라 _고린도전서 10:11

그렇다. 이스라엘은 분명 우리의 본보기이지만, 또한 이스라엘은 언약의 실체이기도 하다. 그 화장실 문처럼 두 가지 관점과 해석이 서로 충돌하는 개념이 아니라 실은 그 방향으로 한 번 더 돌려야 한다는 것이다. 이스라엘의 언약적인 회복은 우리의 본이 되는 상징이자 거기서 더 나아가 실제라는 것을 깨닫는 순간 그 오랜 문이 열리게 되는 것이다.

원뉴맨(one new man) 진영에서는 흔히 '대체신학'이라는 말을 쓴다. 교회가 이전까지 전통적으로 이스라엘에 대해 갖고 있던 오류가 이스라엘은 교회로 '대체'되었다는 것이다. 그러나 이스라엘은 실제로 존재하는 언약이며 살아있는 사람들이기 때문에 대체되지 않았으며 폐하여지지 않았다. 바울은 이스라엘에 대한 언약이 폐하여지지 않았고, 그래서 그 언약이 이루어지기 위해서 '이방인의 충만한 수'가 차는 일이 함께 이루어져야 한다는 것을 알게 되었다.

> 그들은 이스라엘 사람이라 그들에게는 양자 됨과 영광과 언약들과 율법을 세우신 것과 예배와 약속들이 있고 … 그러나 하나님의 말씀이 폐하여진 것 같지 않도다 … _로마서 9:4,6

여기서 미묘하지만 꼭 알아야 할 것이 있는데, 이스라엘이 교회로 대체되었다는 믿음이 무조건 적대시할 잘못된 신학이 아니라는 것이다. 우리도 그 언약의 백성으로 부르심을 받았고 함께 입양된 주님의 친백성의 지위를 갖게 되었다는 것은 성경이 증거하고 있다.

> 너희는 유대인이나 헬라인이나 종이나 자유인이나 남자나 여자나 다 그리스도 예수 안에서 하나이니라 너희가 그리스도의

것이면 곧 아브라함의 자손이요 약속대로 유업을 이을 자니라

_갈라디아서 3:28-29

  그렇다고 이스라엘과 맺으신 하나님의 부르심과 언약이 깨지거나 변개된 것은 아니라는 것이다. 이러한 이중 언약의 구조를 이해해야만 열리는 문이 바로 그리스도의 재림이다. 힘이나 바람만으로는 열 수 없다. 언약의 열쇠인 성경의 말씀은 우리가 이미 갖고 있다. 다만 그것을 아직 한 바퀴만 돌린 상태에서 열리지 않는 것에 마음을 빼앗겨 온 것이다.

  나는 이스라엘을 다니며 여러 사건들을 통해 가르치시고 깨닫게 하시는 성령님의 레슨(lesson)을 받았다. 어떤 일들이건 그 땅에서 일어나는 일들은 우연히 지나칠 수 없는 각별한 의미들이 있다. 발에 치이는 광야의 돌도 그냥 지나칠 수 없는 큰 의미를 갖고 있다. 문제는 무턱대고 열리지 않는다고 결론 지어버리는 우리의 경솔한 태도에 있다. 더 깊은 주님의 뜻을 구하고 찾으면 열리게 되는 것이다. 그럼 하나님은 비로소 크고 비밀한 일을 우리에게 알려주신다.

  이스라엘은 상징이자 실체이며 하나님의 언약은 너무 간단하지도 않고 그렇다고 너무 복잡하지도 않아서 막상 풀리면 단순하지만 풀리기 전까지는 굉장히 막연하게 다가온다는 것이다.

토라 포션은 **마법의 약물인가요?**

처음 한새사람교회를 세워주셨을 때는 예배 공간을 따로 마련하지 않고 우리집에 모여서 예배를 드렸다. 매일 새벽예배 때마다 토라 포션을 본문으로 함께 공부하며 은혜를 나누겠다고 하자 한 청년이 "토라 포션이요? 무슨 마법의 약물 같은 건가요?"라고 질문했던 기억이 있다. 무슨 판타지 소설 같은 데 나오는 마법의 약물(potion) 비슷한 히브리인들의 비밀 약물인가 싶었던 것 같다.

실제로 유대인들은 오래도록 메시아에 대해 가려진 눈으로 살아왔기에 우리가 너무나 선명하게 보는 많은 것들을 자신들만의 감각으로 유추한 것이 너무 많다. 마치 날 때부터 맹인인 사람이 짐작하는 코끼리나 해가 넘어가는 노을처럼 그들이 아직 완전히 보지 못하는 많은 이야기가 예수님이 하나님의 아들이시고 메시아이심을 알기까지 가려져 있기 때문이다.

그래서 그들이 보지 못하는 부분에 대해 '신비'의 영역을 파고든 것이 '카발라'라고 부르는 유대 신비주의다. 하나님이 택하신 민족에게 오랜 세월 동안 이어진 고난과 박해를 설명할 길이 없어 생겨난 것인데, 실제로 10여 년 전 이스라엘에서 만난 정통파 랍비에게 이 부분에 대해 질문한 적이 있었다.

"왜 하나님의 눈동자와 같은 유대인들이 그토록 참혹한 고난의 시간을 겪어야 했습니까?"

"그건 우리만 아는 카발라의 이야기로만 겨우 설명할 수 있는데… 짧은 시간 안에 다 설명하기는 어렵습니다….."

무슨 일이든 예수 십자가 없이 구원을 이해한다는 것은 불가능한 일일 것이다. 그런데 문제는 유대인들에게 너무 오랫동안 그런 세월이 지속되었다는 것이다. 그래서 유대 신비주의의 영향이 성경을 해석하고 가르치는 부분에서도 당연히 클 수밖에 없었고, 더욱이 그런 '장님 코끼리 만지기' 같은 해석이 오히려 더 깊이 있고 그럴싸해 보이는 경지까지 도달한 것이다.

그래서 때론 한 새사람의 사명 대신 유대인들의 신비주의와 성경 해석에 대한 전통을 아주 신박한 것으로 받아들이는 사람들도 있다. 소위 '히브리 뿌리'를 찾는다는 것에 있어서 조심스러운 부분이다. 오늘날에는 기독교의 뿌리를 가톨릭에서 찾는 분들이 있어서 중세의 수도원 영성이나 관상 기도법으로 깊이 있어 보이는 수련을 하는 분들도 있는데, 그보다 더 앞선 뿌리를 찾는 개념으로 이런 유대 카발리즘을 도입하는 것은 둘 다 위험하다고 생각된다.

여기서부터 굉장히 지혜로워야 하고 조심스럽게 한 발 한 발 나아가는 것이 필요하다. 높은 산의 정상으로 갈수록 길도 좁아지고 좌우의 낭떠러지가 가팔라지는 것과 같다. 우리가 접어든 길은 언약의 정상 부근이다. 길이 협착하고 한 발자국만 헛디뎌도 넘어질 수 있다는 것을 늘 생각하고 걸어야 한다.

토라 포션은 유대인들이 성경을 읽는 스케줄이다. 쉽게 말해서 주간 성경읽기표라고 할 수 있다. 이것은 모든 유대인들이 가정에서 공동체로 한 본문을 읽는 공동체 성경 읽기다. 그런데 토라 포션이 단순한 성경 읽기표를 넘어서는 것은, 첫째로 이것이 전 민족적 공동체 성경 읽기이기 때문이다. 세대와 지역을 초월하여 같은 본문을 오늘 함께 읽고 생각한다는 것은 어마어마한 위력을 갖는다.

또한 토라 포션은 이방인으로서 유대인들과 함께 성경에 대해서 대화할 수 있는 좋은 통로가 된다. 이스라엘에 가서 검은 코트를 걸친 정통파 유대인에게 "이번 주 토라 포션에 이런 말씀이 나오는데 당신은 어떻게 생각하십니까?"라고 질문하면 대부분의 반응이 깜짝 놀라면서 "당신이 어떻게 이것에 대해 알고 있습니까?"라며 무척 반가운 대화가 이어지는 경험을 하기도 했다.

토라를 54개 조각으로 나누고, 한 주 동안 다시 7개의 조각으로 나누어 읽게 되면서 누리는 또 하나의 큰 유익은 바로 편집이 주는 메시지를 통해 말씀을 깊고 입체적으로 깨닫게 된다는 것이다. 우리가 가진 성경은 장절 구분법을 따라 나뉘어져 있지만, 토라 포션이 나누고 있는 편집점을 따라가다보면 전에 놓치고 지나친 말씀 앞에 오랫동안 머물러 있게 하기도 하고, 함께 연결해서 이해해야 할 말씀은 좀 더 많은 분량의 조각으로 한데 묶어 유기적으로 연결시켜놓은 것을 깨닫게 된다.

나는 신학교에서 학보사 편집국장으로 활동한 경험이 있는데, 같은 기사나 인터뷰라도 어디를 잘라서 어떻게 배치하느냐에 따라 완전히 다른 메시지를 줄 수 있다는 것을 배우게 되었다. 말씀의 경우 그 방대한 본문을 어떤 기준점을 세워 읽느냐에 따라 상당히 다른 이해를 도출하게 된다. 학사 에스라가 처음으로 시작했다고 알려진 이 토라 포션의 편집은 상당히 정교하게 다듬어져서 우리에게 새로운 말씀의 지평을 선물한다. 또한 살아있는 생물과도 같은 말씀이 때에 따라 삶과 연결되는 끈과 같은 역할을 하기도 하는 것이다.

특별히 우리가 평상시 성경을 읽으면서 잘 모르고 지나쳤던 모세오경을 하나님 말씀 중심으로 단단히 세우는 것은 많은 유익이 있다. 창세기, 출애굽기는 그래도 이야기라서 잘 읽히는 데 반해 레위기, 민수기, 신명기는 그 내용이 율례와 규례들을 담고 있어서 지나간 구약의 율법이 우리의 삶과 복음에 그다지 관련되지 않은 것처럼 여겨지곤 했다.

유대인들에게 토라가 중요하게 여겨지는 이유는 다른 말씀은 하나님의 감동으로 사람이 쓴 글이지만, 토라만큼은 하나님이 시내산에서 모세에게 직접 주셨기 때문이다. 토라의 어원은 동사 '야라'(ירה)에서 나왔는데 그 뜻은 "과녁을 향해 쏘다"라는 뜻을 가지고 있다. 우리의 삶이 어떻게 하나님의 마음에 합할 수 있을까에 대한 갈망이 토라에 담겨 있다. 토라의 반대말은 동사 '하타'(חטא)인데 "과녁에서 벗어났다"라는 뜻이고 이것을 히브리인들은 '죄'라고 이해한다. 하나님의 마음에 명중시키기 위한 54발의 화살이 바로 토라 포션이다.

그러면 우리가 왜 토라 포션을 해야 하는가? 먼저는 유대인들과 한 새사람을 이루는 데 있어서 토라가 서로를 이어주는 다리 역할을 하기 때문이다. 같은 이야기를 언약으로 공유하는 것은 굉장히 큰 연합의 고리가 된다. 유대인들과 같은 언약을 공유하고 있다는 것이 우리가 하나를 이루는 토대가 되는 것이다.

그리고 더 중요한 것이 있다. 토라의 해석은 이방인들에게 먼저 열어주신 복음의 눈을 통해 더 분명해지기 때문이다. 유대인들이 순종함으로 지켜온 율법이 어떻게 예수 그리스도라는 '살아있는 토라'를 통해서 나타났는지 알고 있는 것은 이방인인 우리의 몫이다. 유대인은 말씀을 간직하고 지키는 사명이, 이방인에게는 그것을 살피고 해석하는 사명이 있어서 서로가 합력하는 것이다.

일을 숨기는 것은 하나님의 영화요 일을 살피는 것은 왕의 영화니라 _잠언 25:2

이방인인 우리가 토라를 볼 때 유대인들과는 다른 관점에서 조명할 수 있게 된다. 우리는 토라에서 복음을 발견한다. 유대인들이 오랜 세월 동안 예수 그리스도 없이 해석하려 했던 이면의 상상을, 실제 메시아에 대한 언약과 성취로 볼 수 있게 되는 것이다.

마치 세례 요한이 광야의 바위 틈에서 꿀을 찾아 먹었던 것처럼 나는 매일 새벽 광야의 바위 같은 토라의 계명들 틈에서

꿀 같은 복음을 찾아다녔다. 그리고 그것을 성도들과 함께 나누어 먹는다. 그게 얼마나 맛있는 복음인지 모른다.

주의 말씀의 맛이 내게 어찌 그리 단지요 내 입에 꿀보다 더 다니이다 _시편 119:103

혼자가 아닌 나

어느 날 예배당에 기골이 장대하고 눈빛이 매서운 남성 한 분이 들어와 앉았다. 사람을 압도하는 기세가 느껴지는 용모와 분위기였다.

"오늘 처음 오셨죠? 반갑습니다. 강대위 목사라고 합니다."

먼저 인사를 청하자 그 분이 이렇게 묻는다.

"여기가 이스라엘과 일본을 품은 교회가 맞지요?"

"예, 맞습니다. 한새사람교회니까요… 그런데 어떻게 알고 오셨나요?"

그는 자신의 형에 대한 이야기를 했다. 그의 형은 어려서부터 싸움으로는 상대할 사람이 없었다고 한다. 감사하게도 자신은 자라면서 예수를 믿게 되어 밝은 빛을 향해 나아가게 되었지만, 그의 형은 어둠 속을 향해 갔고 조직 폭력배 생활을 하며 감옥을 들락날락했다는 것이다. 그런 형을 기다리며 매일 새벽마다 기도하는 어머니를 보면서 이스라엘을 향한 하나님의 마음이 와 닿았고 그래서 그런 교회를 찾아 나오게 되었다고 했다. 하나님이 이스라엘을 생각하면서 창자가 들끓는다(렘 31:20)고 하셨는데 그 고통을 느끼게 되어 이스라엘이 회복되는 것과 그의 형이 주께로 나아오게 될 것에 대해서 같은 마음으로 기도하며 꿈꾸고 있다는 거였다.

우리 교회에 나오게 된 이유를 물으면 이렇게 여러 사연들을 듣게 된다. 어떤 성도 한 분은 혼자 성경을 읽다가, 처음에는 이스라엘에 모두 자신을 대입해서 자기를 향한 이야기로 받아 읽었는데 그러다보니 말이 안 되는 부분이 많이 있더라는 것이다. 그래서 찾아보니 이스라엘은 언약적으로 자신이기도 하지만 실제 이스라엘도 이스라엘이라는, 당연하지만 오랫동안 감춰진 진리를 깨닫고 나왔다고 하는데 눈이 초롱초롱 빛났다. 주님은 지혜이시기 때문에 그 빛 가운데 거하면 이스라엘에 대한 비밀을 이처럼 알려주시기도 한다.

이스라엘이나 토라나 한 새사람에 대해서 전혀 알지 못하고 우연찮게 걸어서 나올 수 있는 교회를 찾아 이사한 후 집 근처 가장 가까운 한새사람교회에 나왔다는 성도 부부는 처음엔 좀 이상한 교회 아닌가 생각을 했는데, 한 시간 동안 찬양만 하다가 또 한 시간 동안 설교를 하는 예배에서 큰 임재의 은혜를 느끼고 나오기 시작했다고 했다. 그래도 이상한 곳이 하도 많아서 경계를 풀지 않은 채 몇 주 예배에 참석해보니 같이 예배를 드리는 성도들이 하나같이 밝고 자유해 보여서 정착했다는 것이다. 이스라엘의 회복에 대해서도 경계를 풀고 들어보고 참여해보니 차츰 알게 되고 새롭게 깨닫게 되어 어느새 한 새사람의 사역에 열심을 갖고 이스라엘을 위해 기도하며 헌신하게 되었다는 분들도 있다.

이스라엘에 대해 마음이 열리고 그곳을 향한 사명이 아직 확실히 자기에게 주신 것인지 잘 모르겠다는 사람들도 기쁨으로 함께할 수 있는 것이 한 새사람이라고 생각한다. 한 새사람에 대한 중요한 개념 한 가지는 "좌로나 우로나 치우치지 않는 것"이다. 성경에서 '왼쪽'은 선하지 못하고 죄에 치우치거나 거룩하지 못하고 가증한 것을 의미한다. 반대로 '오른쪽'은 의롭고 거룩하고 옳은 것을 의미한다.

그렇다면 '오른쪽으로 치우치는 것이 더 좋은 거 아닐까?' 하는 생각을 가질 수 있겠지만 그 또한 경계해야 한다. 오히려 좋지 않은 쪽으로 치우치는 것은 내면의 양심이나 외부의 만류가 어느 정도 작동이 가능하기도 하겠지만, 우로 치우치는 것은 때로 굉장히 비극적인 결과를 낳을 수도 있기 때문에 깊이 삼가는 것이 필요하다. 가령 우리가 받은 한 새사람의 사명에 대해 무지하거나 반대되는 생각을 가진 교회나 성도들에 대해 적대적인 생각이나 분을 품게 된다면 그 자체가 '한 새사람'의 파괴라고 할 수 있다. 우리는 지금 그 분열과 원수 맺게 하는 주술과 맞서고 있는 중이라는 것을 잊어서는 안 된다.

예수님 시대의 바리새인들은 '우로 치우친' 사람들의 전형을 보여준다. 그들은 존경받는 사람들이었고 자타 공인 옳은 사람들이었다. 그런 그들이 정작 하나님의 아들을 알아보지 못하고 온갖 비난과 참소의 당사자가 된 것은 그들의 옳음이 판단의 기준과 도구가 되어버렸기 때문이다. '나는 옳다', '나만 옳다'라는 생각이 얼마나 많은 생명을 죽일 수도 있는 위험한 생각인지를 성경과 역사를 통해 충분히 알 수 있기 때문이다. 그래서 우리는 하나님께서 조금 일찍 열어주셔서 깨닫고 순종할 수 있었던 것에 감사하고, 또한 때가 차서 열어주실 진리에 대해 기대를 가지고 기다리는 자세를 갖는 것이 중요하다.

때론 순모임이나 공동체에서 이스라엘의 회복에 대해 언급하고 기도 제목으로 올렸다는 이유로 정죄를 당하고 큰 상처와 원망을 안고 한새사람교회로 온 분들도 만나게 된다. 그럴 때 가장 큰 승리는 나를 오해하고 비방하고 정죄했던 사람들을 사랑하는 것임을 함께 나누며 이전 교회와 사역자들을 위해 함께 기도하다보면 지난날에 겪었던 아픔과 상처가 교회를 향한 성령님의 애통함의 간구와 연결되어 있다는 것을 느끼게 된다.

코로나로 많은 교회가 온라인 예배를 드리던 시기에 우리는 교회 밖으로 나가 야외 예배를 드렸다. 교회 앞이 논밭이어서 가능한 일이었다. 아이들이 뛰어놀고 어른들은 춤을 추며 깃발을 흔들고 찬양을 드리니 이게 살아있는 천국 같았다. 그리스도의 몸이 되는 교회는 생명력이 있다. 그 생명이 흘러가는 발원점이 주를 예배하는 제단임을 더 깊이 알 수 있는 시간이었다.

그것이 에스겔 선지자가 보았던 새 예루살렘 성전이다.

그가 내게 이르시되 이 물이 동쪽으로 향하여 흘러 아라바로 내려가서 바다에 이르리니 이 흘러내리는 물로 그 바다의 물이 되살아나리라 _에스겔 47:8

교회는 단순히 믿는 사람들이 모여서 예배드리는 장소나 모임이 아니다. 그 예배는 생수가 되어 세상으로 흘러 모든 죽어가는 것을 다시 살리는 역할을 한다. 한 새사람의 사역과 교회 그리고 우리의 몸은 다 연결되어 있다.

그런데 예수께서는 이 생수의 강이 흘러가리라는 선포를 초막절의 마지막 날 예루살렘에서 하셨는데, 그때는 실로암 연못에서 떠온 물을 제단에 부어드리는 전제가 드려지는 순간이었다.

> 명절 끝날 곧 큰 날에 예수께서 서서 외쳐 이르시되 누구든지 목마르거든 내게로 와서 마시라 나를 믿는 자는 성경에 이름과 같이 그 배에서 생수의 강이 흘러나오리라 하시니 _요한복음 7:37-38

여기서 눈여겨봐야 할 것은 그 생수의 강이 '배'에서부터 흘러가리라고 하셨다는 점이다.

팔순 노인이 **흑인 여자와 결혼을?**

민수기 12장에는 상식적으로는 이해가 되지 않는 사건이 하나 나오는데, 백성의 지도자인 모세가 구스 여인을 아내로 맞이하는 이야기이다. 팔순이 넘은 나이에 대해서는 초점이 흐려질 수 있으니 그냥 넘어가려고 한다. 그러나 모세가 구스 여인을 취한 그 때는 그래서는 안 될 큰 이유가 있었다.

이스라엘 백성의 지도자인 모세가 누가 봐도 이방인 티가 나는 흑인(에티오피아) 여인을 취해 아내로 맞이한다는 것은 본을 보여야 할 지도자로서는 절대 해서는 안 될 행동이었다. 급기야 누나인 미리암과 형 아론까지 "이건 아니지"라고 나서게 되었다. 광야에서 모압 여인들과의 행음 사건으로 수많은 청년들이 하나님의 진노를 사서 죽는 일이 있을 정도로, 이방 여인과 결혼한다는 것은 모두의 이해를 벗어난 일이었다.

그런데 잘못을 지적한 누나 미리암이 오히려 벌을 받아 나병에 걸리게 된다. '하나님의 뜻'에 따라 구스 여인과 결혼했다는 모세에게 "하나님이 모세와만 말씀하셨느냐? 우리와도 말씀하지 않으셨느냐?"라고 말한 것 때문에 최악의 나병에 걸려서 살이 반이나 썩어 문드러지는 것을 바라보아야만 했다.

그 반면 모세에 대해서는 "이 사람 모세는 온유함이 지면의 모든 사람보다 더하더라"(민 12:3)라고 기록되어 있다. 이 본문이 잘 이해가 되지 않기 때문에 어떤 해석은 여기 나오는 구스 여인이 사실은 모세의 본처인 십보라가 아닐까 추정하며 시누이인 미리암의 이야기로 억지로 맞춰보기도 하는데, 사십 년도 더 전에 결혼해서 아이까지 낳고 살았던 십보라와 이룬 가정에 대해 나중에 광야를 걷다가 생각나서 갑자기 화를 내며 모세를 비방했다는 것은 더 말이 안 된다.

모세가 온유한 사람이었다는 것은 성격이 순해서 좀처럼 성을 내지 않았다는 것이 아니다. 그는 애굽에서 이스라엘 백성들을 학대하던 애굽 사람을 때려죽였던 사람이다. 젊을 때의 성격이 나중에 나이가 들어가면서 꺾이는 경우도 있다. 하지만 모세는 시내산에서 내려오며 금송아지를 섬기고 있는 이스라엘 백성들에게 하나님이 주신 율법의 두 돌판을 던져서 산산조각을 내버린 사람이었다.

온유함은 기질에 대한 것이 아니다. 온유하다는 뜻의 히브리어는 '아나브'이고 이것은 "길들여져서 줄에 매여 있는 매"를 말한다. 워낙에 자기 힘과 뜻에 따라 날아다니던 모세가 하나님의 뜻에 완전히 매인 바 된 것을 두고 최고의 온유함으로 표현한 것이다. 그러면 모세는 하나님의 어떤 마음에 줄로 묶여 있었던 걸까? 그것이 바로 이방 여인인 구스 여인을 아내로 받아들이는 것이다. 사회적 체면과 자신의 생각으로 도저히 받아들일 수 없는 일이었지만 그는 하나님의 말씀에 순종했다.

'구스 여인'은 아가서에 등장하는 신부와 연결되는데 포도원을 지키다가 얼굴이 새카맣게 그을린 바로 '이방의 교회'를 상징하는 것이다.

> 예루살렘 딸들아 내가 비록 검으나 아름다우니 게달의 장막 같을지라도 솔로몬의 휘장과도 같구나 내가 햇볕에 쬐어서 거무스름할지라도 흘겨보지 말 것은 내 어머니의 아들들이 나에게 노하여 포도원지기로 삼았음이라 나의 포도원을 내가 지키지 못하였구나 _아가 1:5-6

모세는 구약에 등장하는 예수님의 그림자 같은 인물이다. 그래서 이스라엘의 지도자인 모세가 이방 여인을 신부로 받아들이는 이야기가 바로 이스라엘과 이방과의 '한 새사람의 연합'을 뜻하는 것이 된다. 모세는 가족들에게도 이해받지 못할 일이었지만, 하나님께서 뜻하신 이방과의 연합을 위해 자신의 체면과 주변으로부터의 비방을 온몸으로 떠안은 것이다.

미리암이 걸렸던 나병의 속성은 자기 몸의 지체와의 연합이 파괴되어 하얗게 괴사가 일어나는 병이다. 자신의 체면, 나이, 주변의 반응 등에 묶이지 않고 하나님의 뜻과 그 언약을 이루는 데 묶이는 매가 되는 것이 바로 온유함이다. 이제껏 내가 만난 한 새사람의 동역자들은 이와 같이 하나님의 뜻에 완전히 매여서 자신들의 삶을 내어드린 분들이었다.

무턱대고 모세를 비방했던 미리암은 오히려 모세의 기도 덕분에 낫게 되고 다시 동역하게 된다. 우리도 때로는 정말 의지하고 친했던 분들로부터 비방을 받을 때가 있다. 하지만 그의 나병이 낫게 해달라고 부르짖어 기도하던 모세와 같이 되기를 원한다.

모세가 여호와께 부르짖어 이르되 하나님이여 원하건대 그를 고쳐주옵소서 _민수기 12:13

나는 이 본문을 설교하면서 우리 교회 성도들이 마치 구스 여인과 결혼한 모세처럼 느껴졌다.

"여러분들은 흑인 여자에게 늦장가를 든 모세 같은 분들이세요."

세간의 시선에 매이지 않고, 오해를 받더라도 하나님의 뜻에 온전히 순종하는 그 온유한 눈빛을 바라보며 형언할 수 없는 감동을 느낀다. 한 새사람의 길을 걷는 동안 외롭게 홀로 두지 않으시고 항상 '바알에게 무릎을 꿇지 않은 칠천 명'을 만나게 하시는 은혜에 안도하는 것이다.

나라가 망할 지경에 이르고, 백성들은 너무 무지하여 교회를 저주하고 핍박하는 조국 이스라엘을 향한 바울의 마음은 타들어갔다. 하지만 하나님은 그에게 모든 현실과 상황을 넘어선 놀라운 계획을 알게 하셨다. 그것이 바로 이스라엘이 조금 우둔하게 되어 구원이 이방인들에게로 이르게 되고, 다시 그 구원의 복음이 막차를 탄 유대인들에게로 돌아오게 된다는 하나님의 모략을 알게 된 것이다. 지금 우리 눈에 보이는 것을 훨씬 넘어서는 하나님의 모략, 그것이 바로 이스라엘의 회복과 한 새사람의 신비이다.

바울은 로마서를 쓰다 말고 일어나 춤을 춘다. 그것이 로마서 11장의 마지막 구절이다.

이는 만물이 주에게서 나오고 주로 말미암고 주에게로 돌아감이라 그에게 영광이 세세에 있을지어다 아멘 _로마서 11:36

모든 것이 아름다운 주님에게서 나왔으니, 만물이 아름답게 회복되어 주께로 돌아올 것이다. 북한도, 이스라엘도 그렇게 아름답게 한 새사람으로 회복될 것이다. 아멘.

한 새사람

초판 1쇄 발행	2023년 8월 14일		
지은이	강대위		
펴낸이	여진구		
책임편집	안수경 김도연		
편집	이영주 박소영 최현수 김아진 정아혜		
책임디자인	이하은 노지현 │ 마영애 조은혜		
홍보 · 외서	진효지		
마케팅	김상순 강성민	마케팅지원	최영배 정나영
제작	조영석	경영지원	김혜경 김경희 이지수

303비전성경암송학교 유니게 과정 박정숙
이슬비전도학교 / 303비전성경암송학교 / 303비전꿈나무장학회

펴낸곳 　 규장

주소 06770 서울시 서초구 매헌로 16길 20(양재2동) 규장선교센터
전화 02)578-0003　　팩스 02)578-7332
이메일 kyujang0691@gmail.com　　　　　홈페이지 www.kyujang.com
페이스북 facebook.com/kyujangbook　　　인스타그램 instagram.com/kyujang_com
카카오스토리 story.kakao.com/kyujangbook
등록일 1978.8.14. 제1-22

책값 　뒤표지에 있습니다.
ISBN 979-11-6504-457-2 03230

규 │ 장 │ 수 │ 칙

1. 기도로 기획하고 기도로 제작한다.
2. 오직 그리스도의 성품을 사모하는 독자가 원하고 필요로 하는 책만을 출판한다.
3. 한 활자 한 문장에 온 정성을 쏟는다.
4. 성실과 정확을 생명으로 삼고 일한다.
5. 긍정적이며 적극적인 신앙과 신행일치에의 안내자의 사명을 다한다.
6. 충고와 조언을 항상 감사로 경청한다.
7. 지상목표는 문서선교에 있다.

하나님을 사랑하는 자 곧 그의 뜻대로 부르심을 입은 자들에게는 모든 것이 合力하여 善을 이루느니라(롬 8:28)